L'efficacité de l'Action Éducative d'Aide à Domicile

Savoir et formation
*Collection dirigée par Jacky Beillerot (1939-2004)
Michel Gault et Dominique Fablet*

Éducation familiale
Série dirigée par Dominique Fablet

Entendue à la fois comme un champ spécifique de pratiques éducatives et de recherches sur ces pratiques, l'éducation familiale s'intéresse aux activités éducatives intrafamiliales, c'est-à-dire principalement des parents à l'égard des enfants, mais également aux interventions sociales mises en œuvre par une assez grande diversité de professionnels pour former, soutenir, aider, voire suppléer les parents ; soit le domaine des interventions socio-éducatives. La série *Éducation familiale* se propose d'offrir au lecteur des travaux centrés sur ces différents aspects et contribuer ainsi à la diffusion de la recherche en éducation familiale, comme *La revue internationale de l'éducation familiale* publiée également par les éditions L'Harmattan.

Déjà parus

Daniel GAYET, *Pédagogie et éducation Familiale*, 2006.
Dominique FABLET (coord.), *Les professionnels de l'intervention socio-éducative*, 2007.
Patrick ROUSSEAU, *Pratique des écrits et écriture des pratiques*, 2007.
Dominique FABLET (coord.), *L'éducation des jeunes enfants*, 2007.
Catherine SELLENET, *La parentalité décryptée. Pertinence et dérives d'un concept*, 2007.

Anna Rurka

L'efficacité de l'Action Éducative d'Aide à Domicile

*Le point de vue des usagers
et des professionnels*

Préface de Michel Corbillon

L'Harmattan

Du même auteur

Rurka A. (2007). La perspective participative dans l'évaluation de l'action éducative en milieu ouvert. *Actes de congrès international d'Actualité de la Recherche en Education et en Formation.* Strasbourg, du 28 au 31 août 2007.

Rurka A. (2007). Les parents face aux travailleurs sociaux. Quelles représentations pour quelle efficacité de l'intervention ? *Les Sciences de l'éducation - Pour l'Ere nouvelle.* n° 1, vol. 40, 97-113.

Rurka A. (2008). L'objet de l'entretien d'évaluation dans le cadre de l'Action Educative d'Aide à Domicile (AEAD). In Boutanquoi M. & Minary J.-P., *L'évaluation des pratiques dans le champ de la protection de l'enfance.* Paris, L'Harmattan, 71-88.

Rurka A., Orzelowska B. (2005). Les changements actuels dans le système de protection de l'enfance en Pologne. XXVième Assises du Carrefour National AEMO, Nice, du 16 au18 mars 2005, *Espace social,* n°10, juillet 2005.

Rurka A (2005). Un accueil de la diversité... Ailleurs en Pologne. Travailler avec les jeunes enfants en difficulté. *Actes de colloque des XVI èmes Université d'Automne de la Fédération nationale des éducateurs de jeunes enfants.* La Rochelle, du 10 au 12 octobre 2005.

© L'HARMATTAN, 2008
5-7, rue de l'École-Polytechnique ; 75005 Paris

http://www.librairieharmattan.com
diffusion.harmattan@wanadoo.fr
harmattan1@wanadoo.fr

ISBN : 978-2-296-06064-7
EAN : 9782296060647

SOMMAIRE

Préface
Michel Corbillon 7

Introduction 13

1 – La Logique du service et la dimension symbolique des mesures éducatives 19

2 – Les demandes d'aide éducative 35

3 – Les changements perçus à la suite des mesures éducatives 53

4 – L'aide et le contrôle social : une articulation paradoxale 75

5 – Les places attribuées à l'usager et au travailleur social dans la relation d'aide 85

6 – À la recherche de l'efficacité des interventions socio-éducatives 101

Présentation des parents interviewés 127

Références bibliographiques 151

Cette recherche a été menée durant les trois années de doctorat et réalisée dans le cadre d'une allocation de recherche. La soutenance de thèse a eu lieu le 23 novembre 2006, à l'Université de Paris X Nanterre, devant un jury composé des membres suivants :
Michel Corbillon, (Professeur, université de Paris X) qui a dirigé cette thèse,
Walter Hellinckx (Professeur, université de Louvain, Belgique),
Nicole Mosconi (Professeure, université de Paris X),
Bertrand Bergier (Professeur, université Catholique d'Angers).

La pluralité des sciences de l'éducation a permis d'appréhender l'objet de cette recherche à travers les concepts théoriques appartenant à différents domaines. Il s'agissait de faire dialoguer les diverses pensées, issues des contextes culturels différents, également intelligibles. Dans le contexte actuel, ce travail de recherche est une exploration scientifique de l'efficacité et de la qualité du dispositif du travail social, perçues et traduites en termes de satisfaction. Dans cette logique, la réalisation des objectifs reste dans le domaine du vécu. Cet axe est indispensable, mais il est sans doute insuffisant pour définir la valeur sociale d'une activité professionnelle, dans toute sa complexité.

# Préface

Michel Corbillon[1]

L'ouvrage d'Anna Rurka se distingue par l'originalité de l'approche qu'il propose au lecteur. Certes, l'objet général étudié – les interventions socio-éducatives – a fait l'objet de discours et d'analyses variés. Mais, le point de vue adopté, l'objectif poursuivi et les repères théoriques utilisés entraînent des développements inédits et apportent des connaissances originales.

Avant d'évoquer le contenu de l'ouvrage, je souhaite rappeler quelques éléments de l'itinéraire d'Anna Rurka. Son parcours universitaire est une histoire d'aller et retour entre Varsovie et Paris, des voyages motivés par un souci de formation diversifiée avec toujours le même intérêt pour les interventions socio-éducatives.

Après une licence d'éducation primaire à l'université de Varsovie, elle commencera un Master de pédagogie sociale, un des lieux de la formation professionnelle des travailleurs sociaux en Pologne. Durant ce Master, elle effectuera un semestre à l'université de Paris X Nanterre, dans le cadre des échanges Erasmus/Socrates, profitant au mieux des liens existant entre les deux universités à travers l'EUSARF (*European Scientific Association on Residential and Foster Care for Children and Adolescents*), une association européenne regroupant des chercheurs qui mènent des travaux sur la suppléance familiale et les alternatives au placement. Avant même l'obtention de son Master en Pologne, elle posera des jalons en vue de son inscription en DEA[2] (Diplôme d'études approfondies) de sciences de l'éducation à Nanterre. Ce DEA sera remarqué et Anna Rurka sera retenue par les instances universitaires pour l'obtention d'une

---

[1] Professeur des universités, Sciences de l'éducation, Université Paris X Nanterre.
[2] Avec la réforme dite « LMD » (licence, master, doctorat), le DEA est devenu Master 2 recherche.

allocation de recherche en vue de réaliser une thèse. L'alternance Pologne/France tourne alors à l'avantage de cette dernière, élaboration de la thèse oblige. Bénéfice de l'âge, son itinéraire professionnel est bien sûr relativement modeste, cependant, outre des stages durant sa formation, Anna Rurka exercera, au moment de son DEA, comme travailleur social, accompagnant des jeunes et leurs familles dans le cadre de la prévention spécialisée.

Le dynamisme d'Anna Rurka, sa place particulière et ses compétences vont l'amener à prendre des responsabilités dans des groupes de travail européens. Elle est Présidente du Comité européen d'action spécialisée pour l'enfant et la famille dans leur milieu de vie, une OING auprès du Conseil de l'Europe et elle a participé au Comité d'experts sur l'enfance et la famille. Elle fut très engagée dans l'organisation du 9ème Congrès de l'EUSARF qui s'est tenu à Nanterre en 2005. Bien sûr, ses compétences linguistiques l'ont amenée à traduire des textes polonais en langue française. Compte tenu de son histoire et de ses qualités, elle occupe d'ores et déjà une place particulière au cœur de l'Europe. Nul doute qu'elle saura développer cet atout. Notons, pour finir, que son contrat d'allocataire terminé, il lui a été proposé des charges de cours à l'Université de Nanterre et dans deux instituts de formation des travailleurs sociaux.

Le travail d'Anna Rurka présente un grand intérêt, il est novateur à différents niveaux. Il est tout à fait pertinent de travailler aujourd'hui sur les actions socio-éducatives menées au domicile des familles, sur les interventions en milieu ouvert, notamment, en raison de l'actualité de la réflexion sur les alternatives au placement, de la spécificité française de cette intervention et de la relative faiblesse des travaux dans ce domaine (Durning & Chrétien, 2001)[3]. Même si des recherches se sont développées ces dernières années, elles restent relativement rares. Parmi d'autres, des travaux récents de l'équipe de recherche[4] à laquelle appartient Anna Rurka et que je dirige, témoignent d'une

---

[3] Cet ouvrage propose un recueil exhaustif des études et recherches menées, en France, dans le cadre des actions en milieu ouvert depuis 1972. Il témoigne de la rareté des recherches dans le domaine.
[4] Equipe *Education familiale et interventions sociales auprès des familles* du Centre de recherche formation et éducation de Paris X Nanterre (CREF EA 1589).

évolution sur ce point. Cependant, il s'agit essentiellement de travaux sur les pratiques professionnelles ou sur les écrits des travailleurs sociaux[5].

Comme son titre l'indique, reprenant en partie le contenu d'une thèse soutenue fin 2006, cet ouvrage présente le point de vue de parents d'enfants suivis dans le cadre d'une action éducative d'aide à domicile (AEAD). Il s'agit de savoir comment ces parents se représentent l'efficacité d'un tel dispositif d'intervention et d'expliciter les représentations de l'efficacité que les usagers ont construites à l'égard des mesures éducatives. D'une façon générale, le point de vue des usagers du travail social et plus largement des sujets de l'éducation a longtemps été ignoré, notamment en France. Aujourd'hui, il est inscrit dans les législations, il se développe dans les pratiques et il est de plus en plus abordé par la recherche, mais dans le domaine spécifique de l'action en milieu ordinaire, c'est sans doute une des toutes premières approches qui nous est présentée ici. Il restera bien sûr, dans l'avenir, à prendre en compte le point de vue des jeunes et des enfants, une piste de travail future pour Anna Rurka...

Travailler sur la perception, par les parents, de l'efficacité de l'intervention permet, selon les termes mêmes de l'auteur, « d'appréhender la manière dont ces usagers comprennent les missions de l'AEAD, le sens qu'ils attribuent au travail effectué, leur satisfaction ou leur insatisfaction ». L'appropriation de références théoriques pertinentes et l'important travail conceptuel réalisé permettent d'interroger et de différencier les notions utilisées : efficacité, efficience et qualité, d'une part, efficacité opératoire et efficacité symbolique, compétence en représentation et compétence en acte, d'autre part. Les analyses montrent que la

---

[5] Corbillon, M., Rousseau, P., Durning, P. (1999). *AEMO administrative et judiciaire, analyse des moments-clés de l'intervention.* Paris : ERISFER - Corbillon, M., Rousseau, P. (2003). *Pratiques et valeurs de l'AEMO judiciaire au Service Social de l'Enfance des Hauts-de-Seine.* Nanterre : CREF - Duléry, A. Corbillon, M. (2006). *L'éducation éducative familiale préventive : évaluation des modes d'entrée et des pratiques d'intervention au sein d'un dispositif d'AEMO.* Rapport de recherche intermédiaire. CREF-Paris X/ADSEA 77 - Rousseau, P. (2006). *Pratique des écrits et écriture des pratiques. La part « indicible » de l'Action Educative en Milieu Ouvert.* Thèse de sciences de l'éducation, Paris X Nanterre.

perception de l'efficacité est en lien étroit avec les compétences que les parents attendent des travailleurs sociaux, mais dépend aussi des relations personnelles établies avec ces derniers. Le lecteur ne manquera pas d'apprécier l'originalité et la portée de l'approche anthropologique qui présente les travailleurs sociaux comme des « mages de la relation », en référence à l'action du chaman.

À un moment où cette question est très prégnante, les interrogations d'Anna Rurka concernant la place que les bénéficiaires des interventions en milieu ouvert ou dans d'autres domaines, peuvent occuper dans l'évaluation des mesures qui les concernent, apportent des perspectives particulièrement intéressantes.

L'analyse des données témoigne de la qualité du travail mené et montre notamment une grande rigueur méthodologique. Il faut souligner également les préoccupations éthiques de l'auteur. La responsabilité du chercheur est clairement interrogée aux différentes étapes du travail et le souci de l'autre est toujours présent et, tout particulièrement, dans les rencontres avec les parents.

Sujet principal de mes recherches aujourd'hui, j'ai été particulièrement sensible aux commentaires relatifs au réseau social et à la prise en compte de ce réseau social dans le cadre du travail social. Je suis marqué ici par les remarques des parents et des travailleurs sociaux et notamment par celles qui ont à voir avec l'isolement social de la population étudiée. Anna Rurka rappelle combien l'isolement, la faible qualité du réseau social ont à voir avec les phénomènes d'exclusion, de désaffiliation et de rupture du lien social, phénomènes qui vont, dans certains cas, justifier le travail des travailleurs sociaux. L'auteur indique, d'ailleurs, que c'est l'une des difficultés, l'un des déterminants qui mènent à la mesure éducative. À partir des entretiens avec les parents, on relève que le sentiment d'impuissance qu'ils affichent souvent, s'intensifie avec l'isolement social, alors qu'à l'opposé, un père qui se dit « entouré » estime qu'il n'avait pas vraiment besoin de la mesure éducative. Optimiste, Anna Rurka note que les interventions socio-éducatives essaient de prendre de plus en plus en compte les réseaux relationnels des familles. Espérons qu'il en soit ainsi, même si les propos des travailleurs sociaux recueillis dans les entretiens ne vont pas vraiment dans ce sens...

Pour finir, notons que si un tel travail prend toute sa place dans l'actualité sociale française, il est aussi important dans la situation polonaise et dans les débats qui se développent autour de la protection de l'enfance. Les conclusions de la recherche présentée dans cet ouvrage et les perspectives pratiques évoquées à la fin ne manqueront pas d'alimenter les échanges à venir.

Introduction

« La seconde modernité », « la postmodernité » ou « l'hypermodernité » ? Au-delà de ces termes, le développement des sociétés suit plusieurs voies, caractérisées par la rupture et la continuité. Les institutions ne remplissent plus le même rôle. Dans une société multiréférentielle et individualisante, elles ne sont plus les seules à inculquer la norme et à représenter l'autorité. Néanmoins, des études longitudinales, notamment celles de l'équipe de recherche dirigée par Pourtois & Desmet, montrent que si la société change, les structures sociales quant à elles restent stables. Selon Dubet (2002, p. 38), la différence réside dans le fait que si l'homme de la tradition était uniquement déterminé par le contrôle social de la communauté et par la culture du groupe, l'individu moderne se place sous son propre contrôle et sous sa propre conscience.

Le fait que les institutions ne soient plus les seules à dicter les normes ne signifie pas que ces dernières n'existent plus. Il s'agit donc de savoir, selon Touraine (2005, p.141), « si l'individu se forme en devenant citoyen ou au contraire en se détachant des normes, des statuts et des rôles que les instances d'autorité et les « agences de socialisation » n'arrivent plus à lui faire accepter ». Selon Canguilhem (Halpern, 2004), l'être humain se définit par sa normativité, c'est-à-dire, par sa capacité à créer les normes qui l'individualisent. La seule différence est qu'aujourd'hui, la norme est plurielle, dictée par la subjectivité des personnes concernées. La norme n'est pas totalement extérieure mais construite et négociée par les individus qui tentent de se développer d'une manière singulière et de construire leur propre rapport au monde.

Si la société n'existe plus, qu'existe-t-il alors ? Si, comme chez Dubet (2002) et Touraine (2005), l'acteur se dissocie du système et que la société ne peut plus être conçue comme un système intégré autour des valeurs, comme un organisme ou le corps social, il devient impossible, selon Touraine (2005, p. 136), de parler d'institutions et « de concevoir l'éducation comme processus de socialisation ». Une autre métaphore peut être alors proposée : celle du réseau, qui représente le lien social sous forme d'une connexion temporaire, plus facilement dénouable aux liens sociaux vus sous la forme de structure. L'homme est une figure multiappartenante qui participe à plusieurs réseaux sociaux et articule sa présence dans ces différents espaces-temps d'une manière subjective et singulière. Ce phénomène s'intensifie par de nouveaux modes de communication et une plus grande mobilité de la population. Les formes d'appartenance et les relations interpersonnelles se modifient. Ainsi, l'individu se trouve seul vis-à-vis des multiples choix que le monde lui offre. Les décisions qui auparavant étaient prises au sein de la communauté locale ou de la famille élargie, relèvent maintenant, et peut-être plus qu'avant, de la responsabilité individuelle. Paradoxalement, même si le réseau social de l'individu s'élargit et se complexifie plus facilement, la responsabilité individuelle devient lourde à porter. En conséquence, l'accomplissement de soi devient plus difficile. Les hommes sont appelés à trouver des solutions individuelles aux problèmes collectifs. Cependant, selon Bourdieu, face aux problèmes engendrés socialement, les solutions ne peuvent être que collectives. Le risque extérieur et l'instabilité deviennent omniprésents et bouleversent la continuité de la vie d'un homme, qui construit sa sécurité par un repli identitaire et une concentration sur soi. Ces changements affectent le monde du travail social et le contexte dans lequel les usagers des services sociaux construisent leurs rapports au monde.

L'Action Éducative en Milieu Ouvert (AEMO) peut être définie comme une intervention socio-éducative conduite auprès de l'enfant et/ou de ses parents, dans leur milieu de vie habituel. Ces prestations tendent à favoriser, autant que faire se peut, le maintien des personnes en difficulté dans leur réseau d'appartenance naturel, en prenant en compte aussi bien les droits des enfants, que ceux de leurs parents. Les services d'AEMO ont pour objectif d'apporter une réponse personnalisée à des familles avec enfants (y compris les enfants à naître) qui vivent des difficultés éducatives, familiales, sociales, scolaires, ou d'ordre professionnel ou personnel. Les droits à être aidé et protégé sont inscrits dans la

Constitution et dans la Convention internationale des droits de l'enfant. À ce titre, les coûts de toutes les mesures éducatives en milieu ouvert font partie des dépenses obligatoires du Département. Selon l'instance qui délègue la mesure, que ce soit le Juge des enfants ou le Président du Conseil général (par l'intermédiaire de l'Aide Sociale à l'Enfance), on distingue deux types de mesures. Il s'agit de l'Action Educative d'Aide à Domicile (AEAD) qui relève de la filière sociale de la protection de l'enfance. Établie par le décret du 7 janvier 1959, elle a été réarticulée par la loi du 6 janvier 1986[6]. L'Action Educative en Milieu Ouvert (AEMO), établie par le décret du 23 décembre 1958, s'inscrit dans le secteur judiciaire de la protection de l'enfance.

Les données de la DRESS ont montré un déséquilibre important entre l'AEAD et l'AEMO. En 2004, 24 % des actions éducatives en milieu ouvert ont eu lieu dans le cadre administratif et 73 % des interventions ont eu lieu dans le cadre judiciaire (DREES, 2005, p. 11). La loi concernant la protection de l'enfance (votée le 5 mars 2007), précédée par l'Appel des 100, réorganise le schéma de l'intervention sociale et judiciaire. Le nouveau schéma organisationnel redéfinit les compétences des secteurs concernés, en soulignant la prédominance des équipes de l'AEAD. Selon l'article 226-4 et 222-5 de la loi Bas, les mesures éducatives du secteur judicaire seront mobilisées lorsque celles du secteur social commenceront à s'épuiser. Le Président du Conseil général avise sans délais le Procureur de la République lorsqu'un mineur se trouve en danger, au sens de l'article 375 du Code civil (modifié par cette loi) ou quand des actions du secteur administratif n'ont pas pu remédier à la situation du danger. Il peut agir aussi lorsque la famille refuse d'accepter l'intervention du service de l'Aide Sociale à l'Enfance, ou lorsque les services départementaux n'arrivent pas à évaluer la situation du danger. De même, la loi introduit une obligation d'information réciproque entre le Président

---

[6] Selon la loi du 6 janvier 1986 dite « loi particulière », les mesures d'AEAD ne se situent plus dans le champ de la protection de l'enfance, elles sont plutôt considérées comme des prestations d'aide à domicile (Action éducative d'aide à domicile (AEAD), exercées par l'ASE. Pourtant, la présente recherche montre que les travailleurs sociaux interviewés de l'AEAD se situent eux-mêmes dans le champ de la protection de l'enfance.

du Conseil général et le Procureur de la République, quant aux mesures mises en œuvre en direction du mineur par leurs secteurs respectifs.

La présente recherche a pour objectif d'ouvrir un nouvel espace d'interprétation et d'apporter quelques éléments de compréhension en ce qui concerne l'efficacité de l'aide éducative, vue par les parents d'enfants suivis en AEAD. Il s'agit donc de savoir comment ils se représentent l'efficacité d'un tel dispositif d'intervention, d'expliciter les représentations de l'efficacité que les usagers ont construites à l'égard des mesures éducatives. Ces représentations cognitives sont des entités complexes composées d'autres perceptions différentes, notamment les difficultés perçues ayant entraîné la mesure, les changements dus ou apparus au cours celle-ci, de la relation avec les services et de la trajectoire institutionnelle de l'usager[7]. Cette recherche se base sur 44 entretiens semi-directifs dont 31 avec les parents (25 mères, 3 pères et 3 couples) et 13 avec les travailleurs sociaux (5 du premier service, 8 du deuxième). L'analyse des écrits professionnels constitue la deuxième technique qui a permis d'acquérir une connaissance de la population étudiée et du processus de mise en place des interventions dans le cadre de l'AEAD. L'analyse des écrits est basée sur une grille préalablement établie. Elle recueille les informations sur la population concernée par la mesure, les conditions de vie au foyer, l'origine de la mesure, les difficultés signalées, les problématiques familiales relevées par le service, les axes de l'intervention, les objectifs opérationnels poursuivis et les moyens mis en œuvre. Les écrits ont été analysés au cours de l'intervention, ce qui signifie que les analyses possèdent deux espaces-temps : celui de l'intervention et celui de l'après-intervention. Néanmoins, ces données permettent de contextualiser les discours des parents, et comme le souligne Bourdieu (1993, p. 910), l'un des facteurs de réussite d'un entretien est la compréhension des conditions sociales de l'interviewé et de l'intervieweur. Les postulats de cette recherche s'inscrivent dans la perspective participative de l'évaluation. L'évaluation fait partie de l'action et permet d'apprécier les objectifs définis et les résultats

---

[7] Ces items seront analysés tout au long de cet ouvrage.

obtenus à court et à long terme. Les sentiments de satisfaction ou d'insatisfaction, en référence avec un dispositif d'aide, renvoient à un phénomène plus complexe, celui de la représentation de l'efficacité. Complexe, car si on se limite à demander la satisfaction de l'usager, on touche de façon très limitée cette représentation qui semble influencer l'efficacité opératoire de l'intervention. Cependant, si l'évaluation vise à déterminer le rapport entre les objectifs annoncés et les résultats de l'activité, elle met aussi en jeu la satisfaction des personnes auxquelles les prestations sont destinées. Le sentiment de satisfaction peut résulter d'une mesure jugée efficace. Pour qu'elle soit jugée comme telle, la représentation de l'efficacité (et toutes ses composantes) doit être mobilisée dans ce processus du jugement. Dans ce sens, la recherche de ces trois notions (efficacité, efficience et qualité) relève du processus évaluatif qui permet de qualifier l'objet évalué.

1

La logique du service et la dimension symbolique des mesures éducatives

Jusqu'à la loi Bas, la libre adhésion des parents aux mesures proposées et la question du danger latent ou patent distinguaient deux types des mesures : administratives (sociales) et judiciaires. Le danger patent nécessite une intervention judiciaire, contrairement au risque de danger qui relève d'une mesure administrative (si les parents adhèrent et participent aux actions proposées). Toutefois, cette différenciation demeure assez formelle. Premièrement, le juge des enfants vise aussi l'adhésion des familles pour obtenir une meilleure efficacité de l'intervention. Deuxièmement, la libre adhésion n'est plus effective lorsque les parents agissent sous la menace d'une intervention judiciaire (dans certains cas, les parents sont persuadés que leur désaccord conduira au signalement judiciaire). Troisièmement, la frontière entre le risque de danger et le danger réel est fluide. De même, il ne s'agit pas de distinguer ces deux modes d'intervention en se basant uniquement sur la polarité de l'aide et du contrôle social, car tous les deux sont présents à la fois dans les mesures judiciaires et administratives. Le facteur déterminant reste l'adhésion des familles au projet socioéducatif proposé. Dans le cadre de l'AEAD, la majorité des professionnels ressentent davantage le contrôle social dans des mesures « difficiles », car ils doivent accomplir leurs tâches professionnelles contre la volonté des parents. Pour eux, les mesures difficiles sont celles qui se judiciarisent en raison de la non collaboration de la famille et des éléments de danger existant pour l'enfant. Par contre, les mesures judiciaires, en raison d'adhésion de la famille au projet proposé, ne sont absolument pas vécues comme un contrôle social exercé à leur égard.

La logique du service en travail social

Dans les années 1980, dans le champ d'action sociale, un nouveau paradigme politique organise les rapports sociaux d'usage en référence avec les droits des personnes. La loi de 1984 a articulé les droits des familles dans leurs rapports avec les services chargés de la protection de l'enfance, ce qui constitue, selon Chauvière (2000, p. 28), un tournant politique important, dans le secteur qui depuis toujours a été dominé par les relations verticales d'autorité. Un tel changement découle de la recherche d'une nouvelle source de légitimité. Le même processus semble agir sur l'état actuel de la protection de l'enfance, sauf que la légitimité actuelle est basée sur les critères de la satisfaction et de la qualité.

Le débat concernant la problématique des usagers n'est pas nouveau. Le terme « usager » indique un rapport social entre les individus. L'usager est une personne qui utilise un service public, en étant titulaire d'un droit d'usage. L'univers de l'usage s'associe aux critères subjectifs de finalité et de satisfaction, déterminant la valeur d'usage. Chauvière (2000) souligne l'aspect positif du concept de l'usager qui, selon lui, enrichit l'action publique au sens large, en mettant l'accent sur les droits propres des populations concernées. Il ouvre le débat sur les relations contractuelles mais aussi conflictuelles entre les professionnels et les usagers, sur les limites éthiques des mandats et des missions. La présence et la représentativité des usagers au sein de l'institution créent un contre-pouvoir vis-à-vis des missions du service public ou des associations qui réalisent ces missions. En parlant de l'usager, il s'agit d'évoquer le statut de l'individu vis-à-vis de l'institution. L'ambiguïté du terme « usager » existe ; ce terme ne relève totalement ni du champ économique ni de l'assistance. Ceci crée un espace du sens qui reste à construire.

Le concept d'usager semble acquérir de nouvelles significations, notamment à travers la loi 2002-2 qui lui attribue une nouvelle place au sein des institutions sociales et médico-sociales. Elle vise à garantir les droits et les attentes des usagers et à les placer au centre des préoccupations des professionnels. Elle introduit progressivement la logique du service dans le secteur social et médico-social confrontant les idées des années 1980 à un principe de réalité économique actuelle. Il s'agit d'un autre modèle culturel qui, en impliquant la contractualisation, conduit à une nouvelle lecture de l'utilité sociale. La logique d'évaluation s'associe au processus de consultation des usagers par rapport au service rendu. Ceci constitue également l'un des volets de la démarche qualité. Mais comme le souligne le rapport de l'IGAS (Bas-Theron, Paul, Rousset, juillet 2005), l'évaluation n'est pas la seule démarche qui vise à améliorer la qualité des pratiques tout en les faisant évoluer. Les nouvelles règles instaurées par la loi 2002-2 officialisent un changement paradigmatique dans le champ médico-social. Il s'agit selon Heslon (2001), « d'abandonner la prise en charge au profit de la prise en compte ». Toutefois, Heikkilä & Julkunen (2004) précisent que la participation de l'usager au service social peut avoir plusieurs niveaux. On peut considérer l'usager comme un informateur (*feed-back*) sur l'aide reçue (cette posture est décrite, selon les auteurs, par le terme anglais « *participation* ») et, à un niveau plus élevé (le terme anglais « *involvement* »), l'usager apparaît comme celui qui peut influencer le processus institutionnel du service et dont l'implication et l'agir ont un impact significatif sur les actions mises en place par l'établissement. Dans ce contexte, la question essentielle reste : comment utiliser les appréciations des usagers pour améliorer les pratiques et quelle importance donner aux paroles des personnes consultées.

L'inquiétude majeure dont relève la loi 2002-2 concerne une évolution possible du champ de l'action sociale vers le champ de la consommation, ce qui impliquerait une vision des personnes dites en difficulté comme des consommateurs des offres du service. Néanmoins, il existe, selon Chauvière (2000, p. 26), une différence entre l'usager et le consommateur. La notion d'usage est construite en fonction des biens immatériels (biens symboliques, sociaux ou culturels) qui peuvent être plus ou moins commercialisés. Evers (2004) distingue cinq logiques relatives au fonctionnement des services sociaux : protectionnisme (*welfarism*), professionnalisme (*professionalism*), consumérisme (*consumerism*), logique managerielle (*managerialism*) et logique participative (*participationism*). Cette distinction montre que le consumérisme et la logique participative constituent des modalités bien différentes. La logique participative se caractérise par une sorte d'entraide collective (donc de collaboration directe entre le service et les usagers), voulue et basée sur le concept de pouvoir d'agir (*empowerment*), contrairement au consumérisme qui met en avant la compétition et le choix individuel comme déterminants de toute relation socioprofessionnelle. Dans la perspective participative, les individus devraient s'engager personnellement dans l'action et dans l'organisation des services, car ils sont considérés comme les co-producteurs de l'offre[8]. La participation directe et la coproduction mettent en valeur les actions menées par les services locaux, opposés aux services uniformes, centralement contrôlés. Il est également question d'associer les réseaux sociaux de la personne aux soutiens fournis par le service[9]. L'échelle, créée par Arnstein et Hert, adaptée ensuite par Thuburn & *al.* (Knorth, Meijers & *al.*, 2004), permet de définir les degrés de participation des usagers dans le service. Elle différencie les niveaux qui sont les suivants : manipulation, conciliation, information, consultation, implication, participation, partenariat, implication dans la planification de service, pouvoir délégué.

Si la logique du service est basée sur une demande sociale, elle implique également la notion de besoin[10]. Brizais (2003) souligne la relativité de ce concept. Selon l'auteur, le besoin est par principe subjectif et le besoin social est une figure idéologique et sociopolitique. C'est donc une construction sociale qui, à ce titre, devrait impliquer une co-responsabilité des acteurs sociaux. C'est en fonction du besoin social que la relation d'usage se construit.

---

[8] Ceci s'oppose au consumérisme où l'individu attend et reçoit des solutions simples et rapides, facilement échangeables.

[9] À ce sujet, voir les recherches menées par Corbillon et Chatenoud (2002) et Corbillon et Rousseau (1999).

[10] Les mêmes indicateurs d'efficacité des actions menées au profit du bien-être de l'enfant existent dans les documents provenant d'Angleterre et de Canada, Ces interventions sont basées sur le besoin de l'enfant (on parle de *children in needs*). Dans ce contexte, trois grands indicateurs sont significatifs : les besoins propres au développement de l'enfant (*child developmental needs*), les capacités parentales (*parenting capacity*) et les facteurs familiaux et environnementaux (*family and environmental factors*) (Centre d'excellence pour le développement des jeunes enfants, Montréal, 5-6 septembre 2003, document imprimé) (*Needs Map*, document d'évaluation).

Les deux termes recouvrent deux faces de la vie sociale : la notion de droits et la notion de manque. Lorsque l'on parle de besoin social, on parle implicitement de manque. Tous les deux ont un impact sur le travail social. En prenant en compte l'ampleur de l'isolement social des familles accompagnées en AEAD, il est difficile d'admettre que l'état de citoyenneté se réalise pleinement au sein de cette population. Le citoyen est celui qui se reconnaît dans la vie sociale, celui qui est en mesure d'agir sur sa vie, pour exercer un certain contrôle sur elle. C'est justement cet accompagnement socioéducatif du travailleur social qui constitue le passage symbolique du statut de l'usager vers celui du citoyen. Pour que les droits et les devoirs citoyens puissent s'exercer, il est nécessaire que l'individu soit en disposition de prendre conscience de ses responsabilités. Selon Heydt (2002), rendre possible l'exercice des droits civiques signifie donner aux femmes et aux hommes « le pouvoir d'exercer ces droits mais aussi et surtout l'envie de se servir de ce pont pour aller à la rencontre de l'Autre ».

Le cadre institutionnel et le sens porté à l'égard de la mesure éducative

L'institution code une version imaginaire du réel. La façon dont elle organise les pratiques, reflète une construction imaginaire de la réalité, de la représentation dominante de ce qui est et de ce qui devrait être. Le modèle général qui incarne la norme sociale est mis en acte dans la praxis de l'institution. Selon Beillerot (1995, pp. 20-21), le concept d'institution ne peut pas être réduit à celui d'organisation. On ne peut pas, selon l'auteur, se débarrasser tout simplement de « l'insaisissable de l'institution » qui produit de l'imaginaire social et qui en est issu. L'institution se cache derrière toute organisation. Le cadre organisationnel représente une mise en œuvre et une mise en forme des moyens qui déterminent, dans certains cas, l'efficacité perçue des mesures éducatives, comme le montre l'extrait présenté ci-dessous. Le cadre institutionnel est un élément structurant la relation d'aide, il influence le déroulement de l'intervention, met en valeur ou limite les compétences professionnelles des travailleurs sociaux. *« Ils mettent des semaines pour que la machine se mette en marche. Des fois, je leur disais, d'autres personnes demandent de l'aide, allez les voir. Laissez-moi, ça va mieux maintenant, quand ça n'ira pas, je vous appellerai. Je me disais : c'est plus lourd de demander de l'aide que de se débrouiller toute seule. Déjà, ils ont pris trois mois avant de me contacter : en disant, nous avons reçu le courrier du juge, etc. Alors, c'était en décembre, après il fallait attendre un mois pour le rendez-vous, j'ai eu un entretien avec les éducateurs et la directrice. Ces gens-là ne viennent pas chez vous, vous devez aller dans leur bureau avec vos gamins. Alors, ils ne voient pas comment vous vivez, rien, le cadre, rien, la chambre des enfants, rien. Mais bon, c'est leur façon de faire. Qu'est ce que vous voulez ? Donc au début, j'étais très déçue. Alors, j'avais le premier entretien. Après, il y avait deux femmes, si une est absente, l'autre la remplace, alors l'horreur. Alors, pour vous donner le rendez-vous, il faut que leurs emplois du temps correspondent. Il fallait que les deux soient disponibles, une est malade, après l'autre est en vacances, n'importé quoi. On ne peut pas traiter des urgences avec ça. Je vous jure, c'est n'importe quoi, le fric qu'ils foutent en l'air avec ça... J'avais l'impression qu'elles font semblant, qu'elles sont là pour prouver quelque chose. Honnêtement, je pense que c'est du gâchis. Ils sont « surbookés », ils ont vingt-sept gamins chacun. Alors, comment vous voulez qu'un être humain s'occupe bien de vingt-sept gamins à la fois. S'il y a une urgence à droite ou à gauche, c'est n'importe quoi ».*

Le cadre organisationnel structure les pratiques dans lesquelles l'imaginaire de l'institution s'exprime, car chaque acte contient une partie symbolique, une partie imaginaire de la réalité, accessible sous la forme des représentations (Beillerot, 1995). Deux modalités organisationnelles, quant au choix du travailleur social référent de la famille, sont apparues lors de cette recherche.

Dans le premier cas, c'est le chef de service qui choisissait le référent en se fondant sur des critères à la fois explicites et implicites. Tous les professionnels de ce service ont confirmé que les critères implicites existent, mais leurs points de vue sur les origines de ces critères divergent. Cet aspect des pratiques interroge la question du savoir et du pouvoir au sein de l'institution. La division du savoir, le fait que certains individus en possèdent plus que les autres, fonde les rapports sociaux de pouvoir. Selon Beillerot (1995, p. 50), le savoir et la légitimité renvoient à la mémoire collective et au secret de l'institution. Il peut s'agir de secrets qui concernent certaines règles organisationnelles[11], et rendent donc invisible la manière dont se réalisent l'influence et le pouvoir. Il peut aussi s'agir de secrets portant sur la distorsion entre les paroles et les actes, entre les intentions et les comportements, entre l'idéologie et la pratique (Beillerot, 1995, p. 52). Les professionnels du premier service ne choisissent jamais les familles dont ils s'occupent, ceci devant favoriser le maintien d'une posture professionnelle « distanciée ». L'objectif possible d'une telle pratique est d'échapper à une « spécialisation informelle » des travailleurs sociaux en matière des problématiques des familles. Dans le deuxième service, le choix du travailleur social référent se fait d'une manière non directive. C'est le travailleur social qui prend la décision, compte tenu de la distance géographique qui sépare son lieu d'habitation et celui de la famille. Ces deux idées directrices déterminent la relation du pouvoir et du savoir institutionnel au sein des services concernés. Le cadre organisationnel s'institutionnalise à travers l'adhésion des professionnels. D'après Dubet (2003), « une institution est une machine qui transforme des valeurs en personnalité ». Elle est donc fondée sur une loi symbolique qu'elle transmet à ses adeptes. Il s'agit d'une situation paradoxale, au cours de laquelle les institutions créent leurs propres réseaux de significations et participent à la création du symbolisme social. Ce dernier rend possible l'existence de l'imaginaire qui utilise le langage symbolique pour s'exprimer. De même, la dimension symbolique de l'institution donne du sens aux pratiques mises en œuvre en son sein.

L'imaginaire est un savoir qui permet de représenter une chose lors de son absence. Si l'institution relève de l'imaginaire, elle relève aussi des représentations, donc « d'options qu'élisent à

---

[11] Comme les entretiens réalisés au sein du premier service le montrent, le savoir du chef de service est inhérent, fondé sur sa capacité de connaître les personnalités des professionnels. Ceci nous amène une analogie avec le statut et les capacités du chaman, évoqué par Lévi-Strauss. Il est également intéressant d'observer que des compétences similaires seront attribuées aux travailleurs sociaux par les parents.

un moment donné les acteurs sociaux pour appréhender les réalités » auxquelles ils sont confrontés (Barus-Michel, 1987, p. 245). La compréhension du cadre institutionnel chez les parents interviewés se fait à deux niveaux : celui du service et celui de l'institution qui missionne le service (donc l'ASE, et dans certains cas, le juge). Les éléments qui distinguent les deux contextes sont très subjectifs. Ceci est le cas de cette mère qui sait à qui elle s'adresse en fonction du bureau dans lequel se déroule l'entretien. « *C'est l'Aide Sociale à l'Enfance... ce sont eux qui s'en occupent. Et moi, quand je vais signer le contrat pour entrer dans l'association, je vais dans un autre bureau, ce n'est pas le même. L'association, c'est la maison d'accueil* ». Ce bureau constitue « le marqueur » du contexte dans lequel se déroule la rencontre. Selon Selvini-Palazzoli (1987), si ces marqueurs ne sont pas assez compréhensibles, les règles de comportement d'un individu deviennent inadéquates. Dans cette logique, si le contexte change, les règles de relation changent aussi. Pour une autre mère, la compréhension du cadre s'effectue à travers la demande qui l'a conduite au service. « *Ils m'ont proposé de faire les devoirs pour mon fils, j'ai toujours cru que l'association ne fait que ça* ». Le fait que certains parents montrent une méconnaissance du cadre institutionnel ne signifie pas qu'ils ignorent la dimension symbolique de la mesure éducative. Dans certaines situations, les parents personnalisent l'aide qu'ils reçoivent, en l'identifiant aux professionnels qu'ils rencontrent. Il est possible que ce processus serve à diminuer une violence symbolique que les parents ressentent vis-à-vis de l'institution. « *Je ne savais pas au démarrage que l'association est déléguée par l'Aide Sociale à l'Enfance. Je l'ai su après. On m'a dit le nom de l'association, bon je connaissais peu de choses. Et c'est après que j'ai su que c'était l'ASE. Alors, je me suis dit que peut-être, c'est un moyen d'être plus humain dans l'approche* ». La compréhension du cadre institutionnel permet de mieux apprécier les enjeux d'une aide institutionnelle. Étant donné que chaque institution de la protection de l'enfance a son rôle et ses missions, leur méconnaissance pourrait déformer les représentations que les usagers ont de l'institution et que les professionnels ont des usagers.

Les travailleurs sociaux – les « mages »[12] de la relation

On aurait tendance à dire que le travailleur social d'aujourd'hui est un technicien du social qui met en application des politiques sociales et dont les compétences peuvent être évaluées par un référentiel unique. C'est sans doute le cas, mais seulement en partie. Les représentations particulières, portées à l'égard des travailleurs sociaux par les usagers, amènent ces premiers vers le statut du chaman, qui est initié, qui a donc acquis une connaissance lui permettant de voir dans l'invisible. Si la relation socioéducative est perçue comme structurante, c'est parce que la perception du travailleur social dépasse le cadre réglementaire dans lequel débute cette relation (Dubet, 2002, p. 235). Ce professionnel peut être porteur d'une loi symbolique qui lui permettra de se positionner ou le positionnera comme référent, donc quelqu'un que nous autoriserons à influencer nos choix. Le métier des travailleurs sociaux conserve une dimension sacrée. Le travailleur social personnifie l'institution en incarnant les valeurs morales et en les faisant appliquer. Ceci est lié à la question de vocation, jugée jadis déterminante dans le choix de ce métier. Le « désenchantement du monde »[13] et le processus de professionnalisation ont influencé la construction d'une légitimité de l'intervention sociale. À première vue, la vocation s'oppose au professionnalisme, mais selon Dubet (2002), le professionnalisme pourrait être interprété comme l'incarnation de la vocation et de sa mise en forme technique. La

---

[12] L'appellation peut changer en fonction du contexte culturel. Toutefois, la définition du terme « chaman » semble inclure celui du « mage ». Selon Hell (2002, p. 23), le terme de chamanisme a été forgé à partir de « saman », le nom utilisé par une population qui vit en Sibérie orientale. Le terme « chaman » entre officiellement dans la langue française en 1842 et il décrit une personne cumulant les fonctions de magicien, de sorcier, de guérisseur et de devin. Hell souligne également que malgré les différences significatives entre les formes de chamanismes et des rituels, « il existe un substrat commun des représentations… un noyau du chamanisme » (2002, p. 24).

[13] Cette expression de Weber (1996) désigne « le processus de refoulement et d'élimination de la magie, soit dans le champ de la maîtrise théorique et pratique du monde[…], soit dans le champ religieux où les conceptions et les techniques magiques du salut sont récusées principalement » (Weber, 1996, p. 120).

vocation est une inspiration divine[14]. Le chaman ou le mage est censé « donner un sens à l'aléatoire, de rendre pensable le malheur » (Hell, 2002, p. 220), dispose d'une double reconnaissance. Son autorité provient du fait qu'il est l'élu des esprits et l'élu du groupe social, il l'est au titre de sa vocation[15]. Dans le cas du chaman, il s'agit d'une renaissance durant laquelle l'initié acquiert une âme nouvelle. « Le jeune homme devait posséder une âme nouvelle, s'il voulait pénétrer en héros dans la communauté des guerriers, ou prendre part comme membre de la communauté cultuelle aux danses et aux orgies magiques, ou encore communier avec les dieux lors d'un repas cultuel » (Weber, 1996, p. 348). Pour M. Weber (1996), la première figure du professionnel est celle du mage (le chaman sorcier chez Lévi-Strauss), puis celle du prêtre qui développe une manière d'agir symbolique et qui est médiateur entre les hommes et les divinités. « Par le biais du professionnalisme et de la vocation profane, les professions se sont progressivement rationalisées, en se détachant de leur fonction sacrée » (Dubet, 2002, p. 31).

Pour expliquer la construction du rôle aussi bien du prêtre que du mage[16], il est nécessaire d'aborder la question de la souffrance. Le sens qui lui était attribué a évolué au cours des siècles. Initialement, les personnes malades et souffrantes étaient

---

[14] Il s'agit de la traduction du terme *Beruf* (profession) qui, selon Weber, a été introduit en langue allemande par Luther. Pour ce dernier, ce terme signifie une obligation attribuée à l'homme par Dieu d'effectuer les tâches de la vie professionnelle. En prenant en compte, l'origine religieuse de cette traduction, il est possible de parler de la profession aussi bien que de la vocation (Weber, 1996).

[15] Selon Weber (1996, p. 190), tout individu ne possède pas le charisme lui permettant de renaître en tant que chaman. Dans ce sens, les chamans, les prêtres, les moines, etc. forment un corps « d'un honneur social » au sein de la communauté des croyants.

[16] La différence entre ces deux figures implique celle entre la magie et la religion. Selon Hell (2002, p. 30), qui se base sur le propos de Mauss, la magie fait référence aux forces qui peuvent être manipulées, « rendues propices », par contre la religion s'attache à la transcendance, à une voie vers un monde meilleur. Dans le système de pensée chamanique, un monde « au-delà meilleur » n'existe pas. Il s'agit d'un moyen de contact avec l'invisible, donné aux hommes par le Créateur, pour faire face à une « imperfection irrémédiable » de la nature (Hell, 2002, p. 120).

considérées comme ensorcelées. Selon Weber (1996, p. 337), en traitant la souffrance comme le symptôme de la haine divine et de la culpabilité, la religion satisfaisait le besoin psychologique de l'individu qui, en se sentant heureux, était persuadé qu'il méritait ce bonheur plus que les autres. De cette manière, « les heureux du monde » ont légitimé le bonheur qui leur a été attribué par la divinité. Au cours du temps, différentes voies ont conduit au renversement de ce point de vue (à la « transfiguration religieuse de la souffrance », selon l'auteur). Tout d'abord, les hommes ont construit l'idée que la privation et les différentes manières de se mortifier, ainsi que les différents états de la souffrance favorisaient le développement des capacités surnaturelles et charismatiques. Cependant, il s'agit de faire la différence entre la privation choisie et la privation subie, cette dernière étant toujours dévalorisée.

Dans le « monde enchanté », on s'adressait au dieu tribal, au dieu de la cité, à toute sorte des divinités locales pour les affaires qui concernaient l'ensemble de la communauté (la pluie, la chasse, etc.).

Par contre, l'individu, à titre individuel, par exemple dans le cas d'une maladie, ne se tournait pas vers les dieux communautaires mais vers le chaman qui, selon Weber (1996), est « l'ancêtre des "pasteurs d'âmes" personnels ». Les gens se soumettaient au pouvoir du mage, car on lui attribuait des capacités surnaturelles. La mission du mage, mais aussi du prêtre, était de définir la faute, le péché qui avait provoqué la souffrance et qui avait besoin d'être éradiqué. La foi et l'autorité, fondements de la légitimité du mage, se trouvaient en danger à chaque fois qu'il ne pouvait plus prouver sa force. Dans ces cas, on disait que les forces divines l'avaient quitté et lui avaient repris son pouvoir (Weber, 1996, pp. 117-145). Lévi-Strauss a montré que, toute activité du mage ou du chaman relève de l'efficacité symbolique de la magie qui, selon l'auteur, exige d'abord « la croyance du sorcier dans l'efficacité de ses techniques ; ensuite celle du malade qu'il soigne, ou de la victime qu'il persécute, dans le pouvoir du sorcier lui-même ; enfin la confiance et les exigences de l'opinion collective... » (Lévi-Strauss, 1958/1974, p. 192). L'auteur décrit une cure chamanique chez les Indiens Cuna de la République du Panama. Le chaman accompagne un accouchement difficile, en réalisant un rituel chanté qui fait référence à un mythe connu par l'ensemble des membres de la communauté. Par le chant, le chaman négocie avec les esprits l'âme de la malade. Il relie la future mère à son groupe d'appartenance (il renforce son identité) et il présente sous une forme mythique ses souffrances, autrement dit, il nomme sa souffrance. Ainsi, l'efficacité de cet accouchement est attribuée au chaman qui fournit à cette nouvelle mère un système d'interprétation de ce qui lui est arrivé et qui renoue les liens entre elle et sa communauté d'appartenance. « Les représentations évoquées par le chaman déterminent une modification des fonctions organiques de la parturiente. Le travail est bloqué au début du chant, la délivrance se produit à la fin, et les progrès de l'accouchement se reflètent aux étapes successives du mythe [...]. C'est l'efficacité symbolique qui garantit l'harmonie du parallélisme entre mythe et opérations » (Lévi-Strauss., 1958/1974, p. 230). Le fait de donner du sens à la souffrance n'est pas simplement une question spirituelle, car selon Le Breton (2004), le corps est aussi une structure symbolique. La vision holiste permet au symbole d'agir à la fois sur l'âme et sur le corps. Le développement d'une vision rationnelle de l'être humain et du monde a séparé l'homme de son milieu, l'âme et le corps.

Le terme « magie » est devenu l'antonyme du rationnel, il est utilisé pour désigner « toutes les efficacités qui échappent à l'entendement rationnel, et ce terme fonctionne souvent simultanément comme un refus de comprendre » (Le Breton, 2004). Néanmoins, le mage opère une mise en ordre, il donne une autre signification au désordre[17] et cette signification est admise par la communauté et le malade. Le chaman restitue ce dernier à l'ordre humanisé de la nature (Le Breton, 2004). Dans le même contexte s'inscrit la pensée de Brill (1977), pour qui « toute magie se fonde sur des identifications, des incarnations et l'efficacité magique dépend non pas du degré de crédibilité ou de croyance, mais de la profondeur de l'engagement de l'insertion des adeptes de telle culture à ces identifications » (p. 130). On aurait tendance à dévaloriser les sociétés traditionnelles au profit du progrès

---

[17] Ceci s'accorde avec la pensée de Morin pour qui l'ordre est une autre forme du désordre. Ces deux termes ne sont pas contradictoires.

technique et d'une plus grande individualisation. Dans des sociétés dites traditionnelles, la personne est subordonnée au collectif, elle partage la vision du monde collectivement admise. Dans des sociétés occidentales, l'homme est séparé des autres par le corps qui constitue la frontière physique de son intégralité individuelle. La croyance en la magie est propre, selon Weber, au « monde enchanté ». « Le désenchantement du monde » a commencé avec la prédominance des grandes religions monothéistes et une rationalisation progressive. De même que les valeurs morales ont changé de place au sein des sociétés occidentales, le sens de l'action de l'homme n'est plus donné par la divinité, il est construit par l'homme lui-même. L'une des conséquences de ce processus pourrait se constituer en une plus grande individualisation et la dissolution du lien social. Ainsi pour Touraine (2005), la croyance en la raison et en l'action rationnelle constitue le premier principe de la modernité. Pour certains, « le désenchantement du monde » ne caractérise pas seulement l'époque moderne, car il a débuté au moment où les grandes religions monothéistes ont commencé à s'institutionnaliser. Cela implique que le Moyen Âge a également été concerné par ce processus. Cependant, ce point de vue se trouve en discordance avec celui de Touraine (2005). Pour ce dernier, la modernité se définit par les termes autres que les termes sociaux (notamment les catégories culturelles). « Alors que la vie religieuse ou la coutume étaient définies en termes sociaux même si elles se référaient à des réalités transcendantales. Le sacré est une réalité sociale », selon l'auteur (Touraine., 2005, pp. 121-122). Ainsi, au fur et à mesure de son individualisation, de la prédominance du « moi, je » par rapport au « nous », l'individu devient de plus en plus dépendant de l'État[18] (Durkheim, 2003). On peut également avancer l'hypothèse que si l'on parle aujourd'hui

---

[18] Selon Durkheim (1950/2003), dans les sociétés dites traditionnelles, l'homme a eu un sentiment fort d'appartenance à la communauté. Les rites religieux et la croyance forte en la tradition étaient les garants du maintien du lien social. Or, dans des sociétés modernes, avec l'émergence de la personnalité individuelle qui en soi constitue une valeur, l'individu se retrouve « relié à soi-même ». Les liens sociaux et la solidarité découlent, selon Durkheim, de la division du travail qui régule la coopération entre les individus. Dans cette logique, l'État garantit les droits de l'individu et lui rappelle qu'il fait partie d'une société.

des professions d'aide, c'est parce que la solidarité existante dans des sociétés dites traditionnelles et la responsabilité de la communauté vis-à-vis de ses membres ne constituent plus la tendance sociale dominante. Ceci traduit, selon Lévy (1993, p. 29), l'incapacité de la société et des groupes qui la composent (familles, syndicats, associations), à assumer la solidarité sociale, dès lors que celle-ci franchit un certain seuil de tolérance[19]. Selon l'auteur, l'association de la notion d'aide et de profession est un paradoxe. La référence au principe moral, censé assurer la régulation des rapports sociaux ne suffit plus, ce sont justement les défaillances de cette morale qui ont généré les professions du social.

La version plus laïque et plus rationnelle de la vocation apparaît dans l'opinion que le rôle professionnel doit être en adéquation avec la personnalité. Dans cette logique, il est souhaitable que les individus qui s'engagent à exercer un métier « relationnel » fassent des valeurs de l'institution une éthique personnelle ou un attribut de leur personnalité[20]. Selon Dubet, « sous cette forme psychologique bien plus que sacrée, la vocation reste un des critères de recrutement dans tous ces métiers de travail sur autrui qui ne sont pas considérés comme des « métiers comme les autres » » (Dubet, 2002, p. 32).

Ceci est également souligné par Thouvenot (1998) qui pense que le recrutement dans des écoles d'éducateurs spécialisés, de même que la formation elle-même, peuvent être interprétés comme un processus d'initiation permettant d'acquérir le savoir « divin ». La personnalité du candidat est un facteur important, elle doit avoir des prédispositions profondes, lui permettant d'accomplir le travail et d'être le garant des missions et des valeurs institutionnelles. Au sein de l'institution, les valeurs se transmettent souvent par les rites qui permettent à l'identité institutionnelle de s'affirmer. La manière de célébrer les anniversaires de collègues, la façon d'accueillir les nouveaux

---

[19] Lévy note une défaillance des mécanismes de régulation sociale devant les phénomènes massifs de rejet vis-à-vis des personnes souffrant de privation.
[20] Korczak a remarqué, à juste titre, que le terme polonais « *zawod* » (profession), signifie également déception. La double signification de ce terme semble prendre plus de sens dans le métier relationnel, dans lequel la personnalité du professionnel constitue l'outil important du travail.

arrivants, la manière dont l'information circule et dont les procédures sont mises en œuvre au sein de l'institution, tout ceci peut constituer un rite institutionnel. C'est justement par le rite, selon Dubet (2002), que nous percevons le programme institutionnel qui de nature est magique. Il transforme les valeurs et les principes abstraits en rites. « L'homme demande à la pensée magique de lui fournir un nouveau système de référence, au sein duquel des données jusqu'alors contradictoires puissent s'intégrer » (Lévi-Strauss, 1958/1974, p. 211). Le processus de rationalisation articule autrement la question du désordre dont relèvent la souffrance individuelle et la maladie. Toutefois, même dans « le monde désenchanté » le traitement du désordre s'effectue sur le plan symbolique, par la négociation soit avec les esprits, soit avec le Dieu des religions monothéistes. Selon Hell, « la symbolique du désordre est la clef essentielle de ce mécanisme de reconnaissance du pouvoir « magique » (Hell, 2002, p. 344).

Conclusion

Ce chapitre présente le modèle théorique de cette recherche qui met en exergue deux dimensions principales du travail social : la logique du service et la logique symbolique. Elles régissent, dans une relation dialectique, les pratiques en travail social : la première situe le professionnel et l'usager dans un rapport de l'offre et de la demande, la relation symbolique ajoute à la première, l'aspect imaginaire de la relation d'aide. Les représentations portées par les parents à l'égard des travailleurs sociaux rendent possible une comparaison de ces derniers au rôle du chaman dans des sociétés dites traditionnelles. L'impact d'un tel statut dans une relation d'aide met en exergue le phénomène de l'efficacité symbolique de l'intervention éducative qui fera l'objet d'analyses dans les prochains chapitres.

2

Les demandes d'aide éducative

La manière de percevoir des difficultés favorise-t-elle l'articulation de la demande ? On pourrait s'interroger. C'est souvent le parent qui articule les demandes concernant ses enfants. Amiguet & Julier (1996, pp. 131-165) soulignent que la demande et la non demande ne sont pas en opposition : la demande des uns peut alimenter la non demande des autres, ou la demande des uns peut alimenter une autre demande des autres. On doit se demander « qui demande » mais aussi « qui ne demande pas» ? Selon Neuburger (2000), la structure familiale peut empêcher l'émergence d'une demande individuelle et, dans ce sens, la demande se disperse dans le groupe familial : un des membres supporte le symptôme, un autre en souffre, un troisième demande de l'aide. Toutefois, cela ne signifie pas que les non-demandeurs n'ont pas d'attentes et ne souhaitent pas alléger leur souffrance. Cela signifie tout simplement « qu'il y a une limite au-delà de laquelle aucune demande ne peut plus s'exprimer » (Neuburger, 2000, p. 9). Les liens entre la demande et les attentes ne sont pas étroits. Il s'agit surtout de situations où la demande n'exprime pas d'attentes. Il appartient alors au travailleur social d'entrer dans le langage de l'usager (parent ou enfant) pour déchiffrer la réelle demande, négocier le problème à traiter. L'articulation de la demande est importante mais pas nécessaire pour que la mesure soit mise en place. Étant souvent formulée sous forme de difficultés, la demande peut faire partie du processus éducatif et ne pas constituer la raison de la mise en place d'une mesure.

Parler de la demande équivaut à parler de la réponse présumée. La demande peut être liée aux représentations de l'offre. Le travailleur social rencontre l'usager et il confronte ses représentations le concernant, ses présupposés sur ce que l'usager est en mesure de lui demander. La demande n'est donc pas un point de départ mais le résultat d'une rencontre, d'une co-construction, d'une négociation entre deux positions différentes.

Les complications liées à l'articulation d'une demande apparaissent dans l'extrait d'entretien présenté ci-dessous. Le propos de cette mère illustre que, l'incompréhension à ce sujet a eu une incidence sur les objectifs de l'intervention qui, en conséquence, n'ont pas été les mêmes pour les deux interlocuteurs : *« Je disais que mon fils a un problème de relation avec les autres. Elles* [les éducatrices] *ne voulaient pas entendre. J'avais l'impression que tout retournait sur moi. Les éducatrices ne me croyaient pas »*. Les enjeux d'une intervention provenant du champ administratif ne sont pas les mêmes que dans le secteur judiciaire. Cependant, même si dans le premier cas de figures, l'intervention ne peut débuter qu'avec l'adhésion de l'usager, l'articulation de la demande reste un sujet complexe. Dans les services concernés par la présente recherche, l'aide éducative pouvait être mise en place suite à une demande directe de famille. Les familles qui souhaitent bénéficier des soutiens avaient la possibilité de prendre directement contact avec le service sans l'intermédiaire d'un autre acteur. Elles étaient ensuite reçues par les chefs de service des antennes[21]. Ce mode d'entrée au service favorise la volonté de la personne à agir sur les conditions modifiables de son environnement et par cela, améliorer la qualité de sa vie. Dans le service en question, la demande directe se trouvait en constante augmentation et en 2002 constituait 24 % de l'ensemble des demandes.

Dans cette dynamique sans contrainte, l'information sur l'existence d'un service d'AEAD peut être interprétée, au sens cybernétique, comme une différence. Comment saisir donc l'information pour qu'elle ouvre de nouvelles possibilités et pour qu'elle soit le signe d'une rupture ? Cette mère l'exprime ainsi : *« C'est moi toute seule qui ai fait la démarche d'avoir une aide éducative et un suivi éducatif avec le relais enfant-parent. J'ai entendu dire d'une ancienne collègue, quand je faisais un stage, elle avait eu aussi à faire à l'association. Elle a dit que depuis*

---

[21] On peut alors s'interroger si la demande directe constitue le facteur signifiant d'une mesure jugée efficace ? Même si cette question ne concerne qu'indirectement ce sujet de recherche, elle prend de l'importance vis-à-vis de l'ensemble des résultats.

deux ans qu'elle y était les relations avec ses enfants allaient beaucoup mieux. Et c'est vrai ». Cependant, face aux parents qui se sont adressés au service de leur propre initiative, l'évaluation de la demande n'est pas pour autant une tâche moins complexe. *« Dans des demandes qui ont été faites directement, l'adhésion n'est pas donnée non plus. Certains parents se disent : il vaut mieux voir les personnels administratifs plutôt que judiciaires. Dans ce cas-là, on est plus dans l'idée de contrôle. On voit les parents qui arrivent, parce qu'ils ne peuvent pas faire autrement. Donc, les parents résistants disent "vous voyez, je suis venu vous voir, j'ai fait ce qu'on m'a demandé", mais ils sont hermétiques, ils sont fermés ».* Ce professionnel souligne la complexité d'évaluer la véracité de la demande. Un peu dans le même sens, les autres travailleurs sociaux différencient la demande implicite et explicite, en soulignant que c'est la première qui emporte dans une relation d'aide. Cela veut-il dire que l'on attribue la véracité de la demande à ce qui est sous-jacent ? La demande implicite est-elle la seule à être « vraie » ? Selon Dubet (2002, p. 246), si le professionnel met en œuvre cette dialectique des « fausses » et des « vraies » demandes, la relation qu'il établit peut prendre la forme d'un extrême contrôle social. Si on pense que le discours du sujet veut dire autre chose que ce qu'il énonce explicitement, on peut également se sentir capable d'en dégager le véritable sens, la vraie demande[22]. De plus, l'individu peut se sentir nié dans son rôle du sujet, puisque on le dépossède de sa capacité de comprendre ce que l'on dit et ce qu'il pense au profit d'un monopole d'interprétation du travailleur social. La question centrale porte donc sur la capacité de l'intervenant à connaître ou reconnaître la « vraie » demande et sur la capacité de l'usager de reconnaître sa difficulté « réelle ». Si le travailleur social tente de répondre à ces questions, il entre dans l'espace du paradoxe. La

---

[22] Même si les compétences perçues chez les travailleurs sociaux seront présentées un peu plus tard, il est intéressant dès maintenant de dire quelques mots à ce sujet. Une des compétences énoncée par les parents indique la capacité du travailleur social de savoir « ce qui se passe chez l'usager », une sorte de pouvoir surnaturel qui permet de connaître les sentiments et la pensée de ce dernier sans passer par le langage. Cet aspect imaginaire du monde social des usagers se trouve en lien avec la préoccupation des professionnels qui tentent à « deviner » la vraie demande des parents.

reconnaissance du problème ne suffit pas, il est nécessaire que l'usager veuille changer et le professionnel ne pourra jamais avoir la certitude quant à la « vraie » envie de changement de l'usager. L'aide n'est-elle pertinente qu'en étant voulue de manière délibérée par la volonté de la personne qui en fait l'objet ? Si la personne est contrainte à recevoir l'aide, la relation d'aide établie peut avoir des effets « pervers ». Elkaïm (1989) a publié un ouvrage intitulé *Si tu veux m'aider, ne m'aide pas* ; si tu ne t'appliques pas à vouloir que je veuille ton aide, c'est précisément à partir de ce moment que s'ouvre la possibilité d'intervention. De cette manière, on évite le paradoxe existant dans la contrainte.

Cette contrainte qui se trouve aussi dans le champ de l'intervention administrative. Elle se vit comme une situation infligée faisant entrave à une totale liberté d'action. Du point de vue des usagers, la contrainte réside dans l'aide qu'un intervenant est tenu de leur fournir, en vue de résoudre « leurs » difficultés. La libre adhésion de l'usager au projet éducatif n'est pas toujours certaine. De plus, ce n'est pas la même chose de formuler la demande pour éviter qu'une situation n'évolue négativement que pour permettre qu'elle se transforme.

Les difficultés perçues par les parents

Aborder l'efficacité de l'aide reçue, signifie aussi évoquer les événements survenus dans la vie des interviewés. Le récit de l'usager « qui s'impose *a posteriori* comme une nécessité, il fonctionne aussi comme des signes pour interpréter la réalité. De symptôme, il devient symbole » (Leclerc-Olive, 1997, p. 60). Dans ce sens, les événements qui sont survenus dans la vie de l'interviewé constituent l'objet d'une réinterprétation symbolique permanente en fonction des événements ultérieurs. La représentation de l'efficacité qui est interrogée n'existe pas à l'état séparé et l'entretien mobilise chez l'interviewé d'autres représentations avec lesquelles l'efficacité de l'aide est reliée. Dans ce sens, les difficultés perçues sont liées au sens que les familles attribuent aux événements de leur vie.

Les troubles du comportement des enfants
Il semble que la demande d'aide d'un individu se différencie selon le service auquel il s'adresse. Au même titre, le lieu dans lequel la demande est articulée, contribue à lui donner du sens. Cela donne quelques éléments de compréhension quant à la définition du problème familial et au rôle de celui qui est désigné comme porteur du symptôme. Les parents rencontrés se sont rendus ou ont été orientés au service éducatif missionné dans le cadre de la protection de l'enfance. Leurs demandes ou difficultés concernent donc tout d'abord les problèmes éducatifs rencontrés avec leurs enfants. L'ensemble des parents évoque ainsi les troubles de comportement de leurs enfants, bien que ces troubles soient toujours accompagnés d'un autre type de difficultés. Les entretiens réalisés permettent de constater que la manière dont les enfants se comportent influence les relations affectives avec leurs parents. Les troubles de comportement des enfants fonctionnent dans un jeu relationnel et servent à maintenir l'équilibre familial. *« Avec mon ex-mari, nous avons vécu une première séparation sans divorce. Et quand mon fils est tombé dans l'anorexie, parce qu'il avait de graves problèmes de santé étant bébé, on s'est remis ensemble pendant 2 ans et puis, il faut dire que mon ex-mari était un joueur, il n'assumait pas les responsabilités et après encore il y avait la violence. Moi et les enfants, nous avons vécu là-dedans et j'ai préféré arrêter ».* Dans cet extrait la fonction du symptôme est bien mise en évidence. L'enfant désigné, porteur du symptôme est à la fois le problème et la solution de difficultés relationnelles des parents. Problème, car l'inquiétude parentale fait que les parents se remettent ensemble. Solution, car la maladie permet à l'enfant d'unir ses parents, donc de renforcer la cohésion du système.

Les ruptures familiales, l'isolement social et l'autorité parentale en mouvement
La séparation parentale et l'isolement social des parents constituent la deuxième catégorie des difficultés perçues. Cependant, il ne s'agit pas de percevoir ces catégories dans une logique linéaire, ces difficultés ne se suivent pas, mais elles apparaissent simultanément. C'est le cas de l'isolement social et de la décomposition du couple parental. Les autres problématiques

pouvant apparaître tout au long de l'éducation d'un enfant sont vécues plus intensivement quand le parent reste seul à élever les enfants. Suite à une réorganisation familiale, l'enfant cherche sa nouvelle place, la nouvelle norme, les nouvelles règles du jeu. Les jeux relationnels, concept introduit dans la thérapie familiale par Selvini, définissent le cadre conceptuel, à l'intérieur duquel les comportements prennent sens (Amiguet & Julier, 1996, pp. 166-188). Le changement qui a eu lieu au sein de la famille a transformé la nature du jeu et l'enfant cherche une nouvelle stratégie relationnelle. Il tente de nouvelles attitudes et vérifie les limites. *« J'ai entendu par la télé, la radio que les enfants sont perdus et que c'est difficile, ils sont déséquilibrés, sans repères, donc je suis allée demander effectivement à voir les éducatrices pour pouvoir m'encadrer dans cette situation. Les mères se trouvent un peu fragiles après les divorces. L'enfant se dit, maman divorce, maman a souffert, maman est malade, alors moi je vais être beaucoup plus en avant, je vais prendre les décisions. Si on n'a pas beaucoup de vigilance et de fermeté, effectivement la plupart d'enfants prennent la place des parents. Je me suis dit, il faut qu'il ait un équilibre, il faut que je pose ma loi. C'est ma maison, je suis la maman aussi le papa, donc l'autorité dans cette maison, c'est moi »*. Cette mère demande d'être aidée à restaurer l'autorité dans une réalité extérieure très complexe, mais aussi à l'intérieur de sa famille. Elle a pu construire ses idées éducatives en participant au groupe de parole des parents. Ces séances lui ont fait comprendre sa place de parent après le divorce. Élever seul des enfants apparaît plus difficile s'il n'y a pas de soutien provenant du milieu de vie. Le rôle de réseau social a été beaucoup développé dans les théories écosystèmiques. Les différentes recherches basées sur cette approche soulignent que les familles négligentes manifestent un niveau d'isolement social élevé et une participation sociale faible. *« Lors d'une intervention, quand la personne nous parle de quelqu'un qui est la personne ressource, le repère, on peut être amené à la rencontrer. Mais dans la plupart de cas, l'intervention reste dans le domaine familial. Rarement on rencontre les amis. Le plus souvent on a à faire avec les personnes isolées où il n'y a pas de rôle symbolique, les personnes sont seules, sans repères ni sociaux, ni familiaux, ni amicaux »*.

L'absence de rôle symbolique, dont parle ce travailleur social, peut être interprétée à la fois par le manque de relations proches et affectives avec les autres, mais aussi par le manque de liens avec les structures sociales. Ces structures participent au processus de socialisation mais ne constituent pas « une portion de la personnalité de l'individu » (Kaës, 1979 pp. 64-65). « Les structures sociales sont symboliques » (Lagrange, 1998, p. 93) et cela rend possible l'existence de repères, de limites, de valeurs communes auxquels l'individu est plus ou moins libre d'adhérer. Ces structures participent à la construction de son être social. En revanche, lorsque ces mêmes structures dysfonctionnent, l'inscription psychique de l'individu dans cette dimension symbolique ne se fait plus de la même manière et les conséquences qui en découlent peuvent être déstructurantes. Quant aux relations avec les autres, il semble que l'un des déterminants de l'isolement social n'est pas le nombre de contacts qu'un individu peut avoir durant une journée, mais la manière dont il investit les relations. Le changement s'opère par la mise en relation, une relation qui est investie.

Le bien-être psychologique
La santé mentale constitue également un facteur signifiant qui contribue à la demande d'aide. Le rapport sur la protection de l'enfance et de l'adolescence, rédigé sous la direction de Naves (2003, pp. 56-59), met en évidence la nécessité de renforcer les relations entre la protection de l'enfance et la psychiatrie. Les études consacrées à la question du signalement judiciaire, évoquées dans ce rapport, montrent la part importante des facteurs liés aux troubles psychiques des parents et/ou des enfants. Les auteurs soulignent la dimension sociale de ce type de mal-être. En ce qui concerne les parents, cette souffrance trouve souvent ses origines dans leurs trajectoires de vie. « *Quand j'étais un jeune enfant, j'étais maltraitée, j'étais pendue au plafond, battue. Après, j'ai fui, je suis partie, je suis arrivée en France et c'est mon pays maintenant. Mais à chaque fois, c'est ma jeunesse qui revient. Et vous savez, je n'ai presque pas vu ma maman, je ne retournais pas au Portugal depuis longtemps, à l'époque on avait quatre enfants, on a travaillé. Mais quand je suis retournée, je suis allée voir ma*

maman, parce que c'est elle qui m'a mise au monde, même le mal qu'elle m'a fait, je ne vais jamais me libérer de ça jusqu'à ma mort. Mon père était pire, il est décédé en France. Alors moi, j'étais déjà abandonnée par ma mère au Portugal et après il est venu me chercher pour m'amener ici. Donc, j'étais dans un foyer pour les jeunes filles, parce que mon père était très violent. J'étais élevée dans ce foyer par un juge. J'ai rencontré les gens qui m'ont aimée. Et puis quand je suis venue en France, j'ai fait des tentatives de suicide et j'étais aidée énormément. Parfois, je dors seulement 2 heures la nuit, je prends les cachets pour dormir. C'est toujours le point noir qui revient. Et comme mes filles disent : maman c'est passé. Mais plus on vieillit plus on a de souffrance. Et ça va durer jusqu'à un moment, quand je serai capable de dire : je suis courageuse ». Les fractures qui s'inscrivent dans les différentes trajectoires présentées constituent en partie des fractures identitaires. Elles peuvent impulser le changement, comme le montre le récit de cette mère, incarcérée deux fois dans le passé « *Je n'arrivais pas à faire le deuil de cette incarcération, même le moindre petit truc qu'il y avait, je me disais : j'ai fait la prison donc c'est à cause de ça que mes enfants... Sachant par où je suis passée dans la prison, je ne voulais pas que mes enfants fassent quelque chose qui leur ferait connaître ça. Alors, même si c'était un petit truc bête, même un stylo qu'ils auraient ramassé, je m'en faisais une montagne, j'avais peur* ». Paradoxalement, les événements du passé peuvent être aussi interprétés comme facteurs de protection vis-à-vis de l'enfant. La mère reste vigilante aux conduites de son fils, pour qu'il ne reproduise pas ou ne suit pas sa trajectoire de vie, considérée comme source de « la honte sociale ».

Les mères semblent être conscientes que leurs difficultés mettent leurs enfants en danger et elles en souffrent aussi. Plusieurs d'entre elles ont témoigné de leur état dépressif faisant l'objet d'un traitement thérapeutique. D'autres n'en ont pas eu, même si elles pensaient souffrir dépression. « *J'étais malade, j'étais mal soignée. Le médecin qui me suivait m'a dit que j'étais schizophrène à 18 ans et je n'ai pas accepté. Je suis allée voir un autre médecin qui me soignait pour dépression, donc moi je m'enfonçais, je m'enfonçais, c'était clinique, maison, clinique, maison. Disons que j'ai pris du temps d'accepter d'être malade, le jour quand j'ai accepté, ça était mieux quoi. J'ai eu un traitement* ». Selon Maisondieu (1997), il est nécessaire de faire la différence entre la dépression et la désespérance liée à la précarité. La dépression n'est pas spontanément réversible. Elle s'accompagne de relations interpersonnelles insatisfaisantes, marquées par les conflits et les ruptures, « *une dépression, pour l'accepter, il faut la comprendre* » affirme l'une des mères interviewées.

La précarité économique

La dépression stresse et éloigne l'individu de son entourage. S'il faut différencier la désespérance, liée à la précarité, de la dépression, comment se fait-il que beaucoup de personnes, vivant dans des situations précaires, soient orientées vers un suivi psychiatrique ? Selon Maisondieu (1997), quand les personnes demandent de l'aide matérielle auprès de l'assistante sociale, un jeu relationnel se déroule. Cela dit, le demandeur doit répondre à la représentation d'une personne en difficulté, pour que l'aide lui soit attribuée. Un des composants de ces représentations des personnes en précarité peut être un mal-être psychologique. La mère, dont le propos est présenté ci-dessous illustre cette inadéquation entre l'image que les professionnels lui ont attribuée et la représentation qu'elle avait de ses propres difficultés. « *Vous voyez comment je suis, même si j'ai énormément de peine, je souris tout le temps. Elles pensaient toujours que ça va bien. Elles [les éducatrices] me disaient « il y a pire que vous Madame Y », qu'il y a des situations plus difficiles que la mienne. Alors, moi tout ce que j'ai, je l'ai acquis comme j'ai travaillé, j'ai toujours été battante. Elles pensaient que comme ma maison est propre, ça veut dire que tout va bien. Mais "s'il y a pire que moi pourquoi vous êtes là alors, ce n'est pas la peine de venir". Peut-être je n'avais pas besoin de meubles, mais d'autres choses. Je leur ai dit que vous m'avez trouvé, parce que mon fils s'est fait agresser, je ne suis pas SDF* ».

L'incompatibilité entre l'image attribuée et l'image que l'usager a de lui-même a été signalée dans d'autres entretiens comme une source de la violence symbolique. Cet extrait l'évoque également : « *Comme je suis grande et je parle comme ça, j'ai une maison, je travaille, je ne suis pas SDF, handicapée, on vous dit : vous n'êtes pas prioritaire* ». Selon quels critères évalue-t-on la souffrance de quelqu'un, par définition subjective, et quels sont les facteurs agissant qui permettent de situer la personne sur une échelle de l'exclusion sociale ? Selon P. Klein (Klein & *al.*, 2003 p. 27), une faible participation dans la société, des ressources financières inadéquates, un sentiment d'isolement et d'impuissance et un soutien social médiocre sont les éléments fondamentaux de l'exclusion. Cependant, le problème des « inutiles du monde », selon Castel (1999), se situe dans l'organisation sociale, donc dans le processus de production et de rapports au salariat.

La réalité économique dans laquelle les familles vivent semble avoir un impact sur les pratiques éducatives mises en œuvre par les parents. Le rapport d'*Euronet* (Bennett & Ruxton, 2002, p. 20) montre que les enfants confrontés à la pauvreté se sentent mis à l'écart par les autres. Cette stigmatisation peut être entretenue par le subtil code vestimentaire. Elle peut provoquer chez l'enfant le sentiment de honte de se voir et d'être vu comme différent des autres. Cela influence son estime de soi et les relations qu'il entretient avec ses parents, en les rendant coupables de cette différence. La recherche menée par Elder et ses collaborateurs (Elder & *al.*, 1995) montre que les difficultés économiques modifient l'efficacité perçue des parents, ce qui affecte leur façon d'élever les enfants. De même, que le sentiment de culpabilité influencera la réalisation des tâches parentales. L'adolescent peut construire une image négative des parents « pauvres » et être immobilisé dans un paradoxe de l'amour et de la haine envers eux, qui se manifestera à travers des relations conflictuelles. Selon de Gaulejac (1996), le sentiment de la honte peut s'inscrire dans la construction identitaire. Cependant, selon l'auteur, la pauvreté n'est pas toujours humiliante. Cela dépendra des conditions d'existence, des normes et pratiques institutionnelles, du regard extérieur et des histoires de vie personnelle.

Il existe un grand nombre de recherches relatives à l'influence du statut socio-économique (SSE) de la famille sur le développement des enfants. Certaines de ces recherches montrent que le SSE est un facteur et non pas un déterminant du bien-être de l'enfant. Les conditions socio-économiques du milieu de vie appartiennent aux variables distales qui influencent indirectement la relation parent–enfant (on peut y inclure également les caractéristiques ethnoculturelles du milieu). On note, par ailleurs, des variables proximales constituées des comportements ou des pratiques éducatives des parents (Larose & Lefebvre, 1998, p. 44). Tous ces facteurs interagissent ensemble sur la situation familiale. Le manque d'emploi et un appartement insalubre favorisent un mal-être familial. Néanmoins, toutes les familles pauvres, vivant dans des conditions difficiles, ne sont pas négligentes. Il s'agit plutôt de la manière dont le parent perçoit l'efficacité éducative de ses pratiques parentales et la façon dont leur réel exercice se déroule. Les mesures éducatives, par les soutiens apportés aux parents dans leurs recherches d'emploi et dans leurs démarches administratives peuvent enclencher une dynamique de changement. Effectivement, plusieurs parents rencontrés évoquent des changements dans leur environnement matériel et leurs conditions de vie. Le fait d'habiter dans une cité qui « cumule les difficultés » peut être un facteur de disqualification sociale et être à l'origine des problèmes éducatifs. Les enfants peuvent avoir de mauvaises fréquentations. La collectivité peut marginaliser les quartiers pauvres et leur donner une image disqualifiante, qui ensuite peut être intégrée dans la structure identitaire de l'individu. Les mauvaises fréquentations sont souvent liées au rejet de l'enfant par ses pairs, à l'échec scolaire, au manque de communication au sein du foyer et au faible contrôle parental.

Dans un milieu où la population est peu diversifiée au niveau socioéconomique, certains jeunes peuvent rencontrer les mêmes types de problèmes au sein de leur famille. Si c'est le cas, ils se tournent vers des groupes qui peuvent satisfaire leur besoin de sécurité et d'identification et qui, en conséquence deviennent un référent identitaire. Il modèle et récompense certains comportements de ses membres. Il peut s'agir, dans beaucoup de cas, de comportements qui transgressent la norme sociale. Pourtant, certains parents agissent au mieux, avec les moyens éducatifs connus, pour prévenir la délinquance et les comportements antisociaux de leurs enfants. Selon de Gaulejac (1996, p. 17), les jeunes étiquetés comme inadaptés sont parfaitement adaptés à leurs conditions concrètes d'existence, car les comportements d'un individu sont, entre autres, les produits des tensions sociales du milieu. Dans ce contexte, l'exercice de l'autorité parentale se complexifie avec l'évolution des rapports sociaux. L'un des pères interviewés l'exprime ainsi : « *Je ne laisse pas traîner mon fils, sortir le soir tout seul. Je ne lui permets pas. Je dis : écoute mon fils, tu marches comme moi et on reste tranquille. Ce n'est pas la peine de regarder ces jeunes qui tournent dans ce quartier. Mais moi, j'ai un bon fils* ». Comment un parent fragilisé sur le plan socioéconomique peut-il construire une image positive de son rôle parental ? Le père dont le propos a été cité précédemment, évoque les difficultés à satisfaire les besoins des enfants, besoins qui sont créés par la société elle-même et qui découlent du processus de comparaison sociale. Ce processus participe à la formation identitaire de l'individu qui évalue en permanence ses comportements en rapport avec ceux de l'autrui. Il cherche à être reconnu par l'autre ou par un groupe auquel il se réfère. Certains groupes choisissent « leurs marques identitaires » comme certaines marques de vêtements. Le fait de ne pas les avoir peut conduire au rejet ou à l'exclusion du groupe. Cette situation est difficile pour certains parents, comme le dit si bien ce père : « *Je dis la vérité, je gagne 420 euros. Alors 420 euros pour vivre... et pour acheter des choses pour mon fils qui va à l'école, il veut faire des choses comme les autres enfants. Il ne peut pas prendre, par exemple, des chaussures qui ne sont pas bien. C'est trop compliqué pour moi* ». Les familles qui se sentent submergées ressentent une tension élevée, tandis que celles qui pensent pouvoir dépasser ce manque de moyens financiers ressentent moins de stress émotionnel.

Une relation conjugale soutenante peut aider à résister à la pauvreté tant que celle-ci n'affaiblit pas la croyance des parents dans leurs capacités d'éduquer les enfants. Malheureusement, cette relation conjugale jugée constructive n'apparaît pas fréquemment dans le propos des parents interviewés.

La scolarité des enfants et la communication au sein de la famille

La pauvreté peut avoir des conséquences sur la scolarité des enfants. Selon certains auteurs, les attentes de l'école sont souvent incompatibles avec un quotidien de grande pauvreté. Le statut socioéconomique de la famille influence les relations qu'elle entretient avec l'école et les attitudes soutenant plus ou moins l'enfant dans ses tâches scolaires. Ces deux facteurs (la relation et le soutien) se montrent plus importants dans la trajectoire scolaire d'un enfant. Comme le soulignent Lahaye & *al.*, (1999, p. 6), l'enfant s'autorise à apprendre lorsque la famille l'y autorise. L'intériorisation du projet d'apprentissage par l'enfant passe par une reconnaissance de ce projet au sein du milieu familial. Cette autorisation se manifeste par les attitudes que les membres de la famille adoptent vis-à-vis de celui qui apprend et de celui qui enseigne. Le manque de soutien et de coopération avec l'école diminuera le sentiment d'auto-efficacité de l'enfant. Il considérera l'espace scolaire et l'espace familial comme deux mondes à part. Sa vision de la réalité ne constituera pas un ensemble, mais au contraire, elle se caractérisera par des ruptures. Les difficultés scolaires font partie des problèmes éducatifs relevés par les parents. Certains les interprètent comme des actes intentionnels des enfants contre eux : « *Comme moi, je les ai amenés à l'école, ils ne faisaient strictement rien* ». La communication entre les parents et les enfants en échec scolaire est centrée sur les problèmes de discipline et sur les insuffisances d'apprentissage. De plus, les parents formulent peu de messages gratifiants à l'égard de l'enfant qui pourraient valoriser son estime de soi. Selon de la Monneraye (1993, pp. 85-94), l'apprentissage nécessite la séparation. Il s'agit à la fois de se séparer de ce que l'on a appris et de qui on l'a appris. Alors, si l'enfant n'arrive pas à apprendre, c'est parce que peut-être il n'arrive pas à se séparer. L'enfant, en passant de la relation duelle à la relation triangulaire, sera capable d'établir des relations avec son entourage.

    Il se séparera et il prendra sa place d'enfant, à condition que les adultes tiennent aussi leur place. Si l'apprentissage s'accomplit à travers la séparation psychique de l'enfant, certaines relations symbiotiques entre le parent et l'enfant peuvent empêcher son désir d'apprendre. « *Quand mon fils est parti à l'internat, ce n'était pas facile, mais il fallait bien que j'accepte le fait qu'il a choisi son chemin. La première fois, quand il fallait qu'il parte, pour moi c'était catastrophique. L'école est loin, mon fils ne peut pas rentrer après à la maison. Pour moi, c'était une coupure, l'abandon. Je me disais que je n'ai pas abandonné mes quatre enfants et je ne le ferai pas pour le cinquième. Et les travailleurs sociaux m'ont aidée énormément là-dedans. Ses frères et sœurs ont acheté un petit portable, donc quand il y avait quelque chose, il nous appelait. J'étais vraiment entourée d'aide pour que j'assume cette coupure avec mon fils ».* Entre cette mère et son fils, il peut s'agir d'une communication paradoxale. Elle lui adresse un message qui contient en lui-même sa propre contradiction. Elle lui dit : « apprends, choisis ton chemin, mais ne te sépare pas de moi ». Cependant, pour apprendre il est nécessaire de se séparer. La communication devient paradoxale, suite aux deux injonctions contradictoires de types logiques différents.

Cette contradiction ne peut pas être résolue, puisque les messages ne sont pas au même niveau logique. Ces principes se trouvent à la base de la théorie du *double bind* de Bateson, traduit comme double contrainte ou double lien. Les travaux de ce chercheur ont été poursuivis par l'équipe du Mental Research Institut, nommé aussi l'école de Palo Alto[23]. Cette approche se montrera très utile pour présenter le dernier type de difficultés citées par les parents : celles qui concernent le processus de communication. Watzlawick a différencié cinq axiomes de la communication ; cinq principes qui dirigent le processus ce processus (Watzlawick, Helmick, Jackson Don, 1979). Premièrement, il a relevé que toute communication est un comportement et qu'il est impossible de ne pas communiquer. Deuxièmement, la communication a deux aspects : le contenu et la relation[24]. L'auteur souligne que si la personne n'est écoutée qu'au niveau du contenu de sa parole, elle a l'impression de ne pas être

---

[23] Cette école, constituée entre autres par Bateson (anthropologue), Don Jackson (psychologue et psychiatre), Weakland (anthropologue), Fisch (psychiatre), Haley, a posé les bases de la thérapie systémique. Ils ont essayé de théoriser la famille comme un système à l'équilibre. Le symptôme protège la famille du changement. La première étude systématique des effets du paradoxe sur le comportement a été menée par le groupe de chercheurs dirigé par Bateson. Cette recherche a permis la formulation de la théorie de la schizophrénie, vue dorénavant comme une réponse à la double contrainte.

[24] Certains auteurs comme Rougeul (2003) ajoutent le troisième niveau (aspect) de la communication qui est le contexte.

comprise. Troisièmement, il existe deux modes de communication : digital (la transmission des informations) et analogique (la transmission de message par le comportement). Le message à dominante analogique appartient à la métacommunication. Il s'agit de transmettre les indices qui ont pour fonction de fournir des précisions sur la façon dont le contenu doit être compris. La finalité de cette métacommunication est de définir la relation. Le quatrième principe, évoqué par Watzlawick, concerne la nature d'une relation qui dépend des séquences de communication entre les interlocuteurs. Le dernier principe différencie les communications symétrique et complémentaire en fonction de la position des interlocuteurs (position de l'égalité ou de la différence).

Le processus de communication – à travers le message digital et le message analogique appartenant au domaine de la métacommunication –est aussi perceptible à travers les relations familiales. Dans les différents propos recueillis, les parents parlent des difficultés de communication qui reflètent les difficultés relationnelles déjà établies. L'aspect relationnel des messages domine le contenu et peut le rendre intransmissible et incompréhensible. L'intervention d'un tiers dans la relation permet de traduire le message et de le comprendre car, soit la relation rend le message incompréhensible, soit le contexte dans lequel le message est transmis rend le contenu illisible. Le contexte est défini par Bateson comme l'ensemble des possibilités à l'intérieur desquelles l'individu fait ses choix. Autrement dit, le contexte indique le lieu et le moment d'une interaction. Selon cet auteur, le sens et la portée que prend toute information dépendent de différentes variables : de la manière dont le message est émis, de l'histoire personnelle des individus, de l'espace culturel, du lieu de l'interaction et du nombre d'acteurs. Il semble tout à fait intéressant d'analyser la diversité de ces facteurs dans un groupe de parole qui constitue, dans certains services de l'AEAD, une technique de travail et une forme d'élaboration psycho-éducative stimulante. Une mère, dont le propos est présenté ci-dessous, se caractérise par un niveau élevé de pratiques punitives. Elle a pu apprendre, à travers le groupe de parole, à formuler plus de messages gratifiants et à établir plus d'interactions positives avec ses enfants. « *On croit toujours tout savoir sur nos enfants, savoir comment ils vivent, comment ils perçoivent. Mais justement, ils ont aussi leurs secrets, leurs souffrances, souvent les parents n'entendent pas comment leurs enfants s'expriment, parce qu'il faut avoir un don d'écoute pour mieux percevoir leurs souffrances. L'enfant est une personne. Alors j'ai compris que nous, les mamans, on n'a pas assez de temps pour les écouter. Les enfants veulent s'exprimer et souvent, à cause de l'autorité parentale, ne peuvent pas dire aux parents ce qu'ils pensent... C'est comme ça que j'ai appris leur souffrance, j'ai appris qu'ils ne connaissent pas beaucoup de choses de moi, parce que je ne parle pas beaucoup, j'avais des choses cachées que j'ai pu dire au groupe de parole auquel je participe. J'ai vu aussi que j'avais souvent tort, même si on croit toujours bien faire, mais les enfants ont peur de dire : maman je n'aime pas la façon dont tu agis, dont tu nous as parlé, dont tu nous éduques aussi... Oui je fais partie de ce groupe des parents qui ont des difficultés avec leurs enfants. Et je vais dans ce groupe deux fois par mois pour apprendre et échanger mais aussi pour faire comprendre aux autres parents les difficultés de leurs enfants et les aider à mieux s'en sortir* ».

Conclusion

Les propos recueillis, au sujet des difficultés qui précèdent les mesures éducatives, permettent de faire certains constats.
- L'ensemble des parents déclare l'existence des problèmes éducatifs dont les difficultés scolaires des enfants constituent la partie la plus importante.
- Les troubles de comportement des enfants influencent les relations affectives qu'ils entretiennent avec leurs parents.
- L'isolement et le manque de repères d'un parent seul sont des facteurs importants qui rendent la situation familiale difficile. Cependant, l'isolement social n'apparaît pas dans toutes les situations rencontrées.
- Les séparations douloureuses sont évoquées dans les trois quarts des entretiens. À l'origine de ces séparations se trouvent les violences conjugales et l'absence de responsabilité parentale d'un des parents.

- Le passé douloureux du parent et les événements traumatiques au sein de la famille sont également des facteurs de risque. Ce climat influence l'état de santé mentale des parents, ici en majorité celui des mères.
- La plupart des difficultés abordées ci-dessus sont accompagnées d'un cadre de vie défavorisant dont les conditions socio-économiques jouent un rôle majeur.
- Les difficultés de communication au sein du foyer constituent le problème significatif.

Dans la majorité des cas, c'est le cumul de difficultés qui met en danger le développement de l'enfant. Il semble pertinent de relier ce constat à la perspective écologique de Belsky (1984). Cet auteur a tenté d'identifier l'ensemble des facteurs qui conditionnent les pratiques parentales. Le modèle de Belsky (1984) suggère qu'entre les relations maritales du parent, son travail, ses relations sociales et sa personnalité existent les interactions réciproques qui ont un impact sur les pratiques parentales. Par contre, cinq facteurs ont une influence unidirectionnelle, il s'agit de l'histoire personnelle du parent, de sa personnalité, des relations maritales, du travail et des caractéristiques de l'enfant. La façon dont le parent assumera son rôle aura un impact sur le développement de l'enfant. Ce modèle montre la complexité de l'évaluation préliminaire de la situation éducative au sein de la famille et ceci n'est pas sans impact sur l'intervention même et sur ses objectifs.

D'autres chercheurs constatent qu'il existe un seuil critique des facteurs de risque à partir duquel l'équilibre de l'enfant au sein de la famille est gravement déstabilisé. Palacio-Quintin & Coderre (2004 p. 42) ont montré que c'est à partir de quatre facteurs de risque que l'on peut parler d'une présence significative de difficultés sur le plan social chez les jeunes enfants. Ce seuil de quatre facteurs apparaît important aussi bien dans l'augmentation de troubles de comportement chez les enfants de 10 ans (Werner et Smith, 2001), que dans des problèmes d'apprentissage scolaire et de comportement en classe chez les enfants de 11 ans (Larose & Lefebvre, 1998, p. 44). Face à ces multiples difficultés ou symptômes, les interventions pluridisciplinaires se mettent en place. Cependant, elles débutent par la demande d'aide, exprimée sous différentes formes. La demande légitime la relation d'aide, même si les motivations et les attentes des parents ne sont pas précisées au début et doivent être explicitées pendant le travail éducatif. L'accent a été mis sur trois notions : motivation, attente, demande. L'attente est une espérance, un souhait. Les motivations sont les facteurs conscients et inconscients qui incitent l'individu à agir de telle ou telle façon. Quant à la demande, elle fait connaître la volonté de l'individu, en indiquant une relation asymétrique du pouvoir. Les deux premières conduisent à l'articulation de la demande, sans que cela soit toujours explicitement formulé.

3

Les changements perçus à la suite des mesures éducatives

Le postulat de cette recherche associe les changements perçus à la construction des représentations d'efficacité. La perception de ces changements se trouve en relation avec celle des difficultés rencontrées, sans que cela soit une relation causale. Bien que la perception, aussi bien des symptômes que des changements, ait une place importante dans les représentations de l'efficacité, la pensée causale ne semble pas expliquer cette interdépendance. Il s'agit plutôt de faire référence à la pensée circulaire, selon laquelle l'effet peut influencer la cause et la cause, l'effet. Dans ce sens, les changements perçus peuvent réinterroger la perception des difficultés initiales, les réinterpréter, donner un autre sens.

Selon Leclerc-Olive (1997, p. 20), l'événement est une « irruption, discordance, qui introduit un changement, qui marque une discontinuité ». « Faire l'événement » et introduire le changement signifient donc entrer en crise. Le fait que la crise précède l'événement, signifie pour Ausloos & Segond (1986) qu'elle est potentiellement évolutive. Si cela n'était pas le cas et que la crise n'aboutissait pas au changement, le système reviendrait à l'état antérieur et la crise deviendrait chronique. Dès 1957, Don Jackson, l'un des membres fondateurs de l'École de Palo Alto, avait émis l'hypothèse selon laquelle la maladie du patient tente de maintenir l'homéostasie et qu'elle a pour fonction de ramener à l'équilibre un système familial en danger de changement. Selon Elkaïm (1989), le symptôme chez Ausloos remplit la même fonction et c'est pourquoi une force qui pousse le système vers le changement provoquera toujours une force contraire qui tendra à maintenir le système dans l'état actuel. L'absence de changement pourrait donc s'expliquer par le fait que la situation de crise n'est pas arrivée à une valeur critique, car selon Prigogine[25], à partir d'une valeur critique, les fluctuations ne vont plus tendre à ramener le système à l'état antérieur, mais plutôt s'amplifier et permettre à un autre état du système de s'installer (Elkaïm, 1989). Ainsi pour Amiguet et Julier (1996), l'intervention « neutre » par rapport à la régulation d'un système n'existe pas. Soit elle renforce ce qui est acquis, soit elle met en place une nouvelle forme d'équilibre. Cela invite à réfléchir encore une fois sur les rapports entre permanence et changement. Selon Elkaïm (1989), l'histoire individuelle d'un système vivant est une histoire de ses changements structurels et de la permanence de son organisation par rapport au milieu dans lequel il vit. Cela signifie qu'une unité dont la structure[26] peut changer, alors que son organisation[27] ne changera pas, est une unité plastique. Cela garantit son adaptation qui serait une congruence structurelle entre l'être vivant et le milieu. Tant qu'il conserve ses capacités d'adaptation, il conserve également son organisation (Elkaïm,1989).

Selon Legros (1988), « toute intervention sociale modifie à la fois l'identité de celui qui la subit mais aussi le système d'échange qu'il entretient avec son environnement. Après une intervention sociale, l'individu reçoit davantage du milieu extérieur mais également, dans une sorte de réciprocité, il contribue plus par son travail, ses apports symboliques ou réels » (p. 17). Le mouvement appelé la seconde cybernétique a traversé l'approche systémique. Il a souligné que l'intervenant (l'observateur) n'est jamais neutre et extérieur à la situation qu'il observe. Il fait partie du système à partir du moment où le jeu relationnel commence. En conséquence, il s'agit de coresponsabilité et d'éthique vis-à-vis du changement introduit, d'éthique et non pas de morale, car

---

[25] Prigogyne appartient au groupe de systémiciens qui ont mis l'accent sur les possibilités d'évolution du système, en s'appuyant sur la thermodynamique des systèmes ouverts à l'écart de l'équilibre, contrairement aux premiers thérapeutes familiaux, pour qui la crise reste un symptôme et contribue à maintenir l'homéostasie du système. Ces premiers thérapeutes se sont intéressés aux systèmes ouverts à l'équilibre ou proche de l'équilibre.

[26] Le terme « structure » du latin *struere* (construire) correspond à la relation entre les composants dans une unité.

[27] Le terme « organisation », du grec *organon* (instrument), correspond aux composants constitutifs de l'unité.

l'intervenant ne peut agir que sur lui-même pour stimuler le changement du système familial. Von Foerster (1990) l'explique ainsi : « Si je suis extérieur à la situation, je suis indépendant, donc je peux dire aux autres comment ils doivent penser et agir, cela est à l'origine des codes moraux. Si je me considère comme interdépendant, je peux seulement me dire à moi-même comment penser et agir, cela est à l'origine de l'éthique ». Le terme « morale » (du latin *moralis*) concerne les règles de conduite, tout ce qui s'impose à l'homme comme obligatoire et universel. De cette manière, Kant, par son impératif catégorique, souligne l'importance d'agir toujours en respectant autrui et en le considérant toujours comme une fin et jamais comme un moyen. Selon Mugnier (2000, p. 48), le sens grec du mot « éthique » (du grec *êthikos, êthikê*) veut dire d'abord accomplissement de soi au sens aristotélicien. L'homme est un être de la nature et sa première finalité est de réaliser sa propre nature. Même si l'éthique et la morale sont souvent considérées comme synonymes, elles se différencient par le fait que la morale indique les règles de conduite universelles pour une communauté, tandis que l'éthique montre comment l'individu se positionne par rapport à ces mœurs communes. L'éthique est une logique de l'action individuelle, elle se situe entre « être et devoir être ». Cela correspond à l'impératif éthique de Von Foerster (1990), selon lequel il est nécessaire d'agir toujours de manière à multiplier le nombre de choix possibles. C'est une éthique du choix, car le travail social est une perpétuelle remise en question. Si nous construisons la réalité, il devient inévitable de nous confronter aux critères qui valident nos perceptions, aux croyances qui les fondent et les autorisent (Amiguet, Julier & *al.*, 1994). Cette pensée constitue une alternative au paradoxe en permettant au travailleur social de sortir de la normalisation.

À travers l'aspect éthique du changement, il se pose la question de l'objet de ce changement. Qu'est-ce qu'il s'agit de changer ? Une réponse a été donnée par les auteurs de l'approche systémique : il s'agit de changer la dynamique du système familial. Cependant, ce point de vue n'est pas approuvé par tous les auteurs cités dans cette étude. Thouvenot (1998), qui utilise une méthode homologique pour montrer l'efficacité symbolique de l'éducation spécialisée et l'inscription des pratiques éducatives dans le champ de la magie, a montré que les éducateurs spécialisés tentent de changer l'usager en tant que personne à travers ses représentations. De plus, la recherche doctorale de Tarquinio, citée par Desrumaux et Zagrodnicki (1998, pp. 22-23) a montré que dans 90 rapports sociaux rédigés par les assistants sociaux et les éducateurs, les traits de personnalité de l'usager constituent une partie importante du contenu d'un rapport (33 % chez les assistants sociaux et 23 % chez les éducateurs spécialisés). De même, les informations démographiques prennent une place importante et constituent 20 % de rapport des assistants sociaux et 17 % de celui des éducateurs. La différence majeure entre ces deux catégories professionnelles se manifeste dans l'importance attribuée aux comportements de l'usager. Les comportements envers ce dernier constituent 22 % du contenu des rapports rédigés par les éducateurs, contre 6 % chez les assistants sociaux Les comportements de l'usager envers les autres constituent une partie non négligeable dans tous les rapports (16 % chez les éducateurs, 13 % chez les assistants sociaux). En regardant ces résultats, surtout ceux qui concernent directement la personnalité de l'usager, la question de l'objet du changement visé apparaît problématique. De plus, l'accent mis sur la personnalité de l'usager peut indiquer la cause qui, selon le travailleur social, se trouve à la base d'un comportement déviant de cet usager. Les interventions socio-éducatives en AEAD tentent, entre autres, de changer les représentations « du monde » de l'usager et de sa place dans ce monde. Mais le fait d'influencer les représentations[28] de quelqu'un ne signifie pas changer la personne en elle-même. Si les représentations mentales influencent les conduites, nous ne pouvons que constater l'objet du changement, à savoir les comportements de l'individu. L'intervention socio-éducative vise le changement d'une situation donnée qui empêche le fonctionnement optimal de la famille et qui résulte des différents comportements adoptés par ses membres. Il ne s'agit pas de changer la personne, mais la situation dans laquelle les différents comportements interagissent. Il est question de développer les

---

[28] Cela est apparu dans les discours des travailleurs sociaux et des usagers sous forme de « changement de regard ».

compétences familiales, sans changer la personnalité du porteur du symptôme. Changer la personne est un objectif impossible à évaluer.

La parole libérée

Le discours individuel peut être le signe d'une mentalité, d'une conscience, d'une manière de penser et d'agir. La majorité des entretiens témoignent du fait que le changement passe par la parole dont la dimension symbolique est significative. Ainsi, la notion de symbole renvoie à l'absence et à l'abstraction de la chose désignée et selon Thouvenot (1998), « à la non–immédiateté de notre compréhension de la réalité ». Elle poursuit : « Le travail social a une forte dimension symbolique, ses registres de l'action relèvent principalement de la parole, il s'agit de mettre les mots sur le réel » (p. 122). Pour imager la signification de la parole au sein de l'intervention socio-éducative et de l'efficacité symbolique, Lévi-Strauss (1958/1974) évoque l'histoire d'un accouchement difficile dans un village en Amérique du Sud. Les habitants du village ont appelé un chaman qui, par le biais d'un chant traditionnel évoquant les ancêtres et les esprits saints[29], doit aider cet enfant à naître. Pour lui, qui accompagne la naissance, la parole adressée aux esprits est le premier outil qui permet la réussite de cet accouchement. Les pratiques discursives et « représentationnelles » constituent les points centraux de la cure chamanique. Les relations avec le monde surnaturel s'expriment par les modes verbaux correspondant aux cinq types de connaissance : celle acquise par la vue, par impression corporelle, par inférence, par raisonnement et par ouï-dire (le sens commun, le « on dit ») (Lévi-Strauss, 1958/1974, p. 206). Le fait que ces types de connaissance correspondent à différents modes verbaux permet probablement au chaman d'exprimer « des états informulés, et autrement informulables » et de rendre intelligible l'expérience de la personne soignée. Tous les parents ont souligné le rôle libérateur de la parole aussi bien « la parole accueillie » que celle qu'ils ont

---

[29] Selon Hell (2002), les esprits peuvent être bon et mauvais, ils peuvent détruire et protéger, rendre malade et guérir.

eux-mêmes transmise aux autres parents. « *Oui, je fais partie de ce groupe des parents qui ont des difficultés avec leurs enfants. Et je vais dans ce groupe deux fois par mois pour apprendre et échanger mais aussi pour faire comprendre aux autres parents les difficultés de leurs enfants et les aider à mieux s'en sortir. C'est moi qui ai voulu continuer pour aider les autres parents, qui effectivement ont beaucoup de travail à faire. Je prends note à chaque séance, je conseille les parents qui souffrent énormément à cause de leurs enfants. Alors, je leur donne ma version, alors peut-être, ils n'ont pas tellement de force que moi, tellement de fermeté* ». La position de cette mère au sein du groupe de parole, lui permet de reconstruire son image sociale de mère vis-à-vis de ses enfants et de sa communauté d'appartenance. Elle le dit un peu plus loin : « *Tout le monde me dit maintenant que mes enfants sont bien éduqués* ». La reconnaissance sociale du parent en tant que porteur de l'autorité s'acquiert au cours des interactions symboliques. Cela implique que « les autres soient des miroirs, et que nous forgeons une image de nous-mêmes à travers le *feed-back* symbolique, que les autres nous renvoient au cours de nos échanges » (Fischer, 1996, p. 21). Cela montre l'importance des pratiques narratives dans la construction des pratiques parentales. Pour Miron (1999, p. 113), les pratiques narratives produisent des effets d'appropriation, si les expériences que l'individu a vécues et le sens qu'il leur a donné, sont acceptés par autrui. Selon Leonardi, cité par Miron, la narration est un acte par lequel l'individu se définit, elle est indissociable de l'expérience humaine. Par rapport aux changements perçus, il s'agit de conserver et de confirmer leur signification, de faire le lien entre trois espaces temps « avant, pendant et après », pour conserver la continuité du sens.

Le rôle libérateur de la parole implique également une possible existence de secrets de famille. Ils découlent souvent du fait que le parent a du mal à élaborer ses propres conflits, ce qui le bloque dans l'exercice de son rôle parental. « *Parce que j'ai eu beaucoup de choses dans ma vie, dont je ne pouvais pas parler à mes enfants. Et une fois ils m'ont dit : oui tu ne nous racontes pas tes choses… les choses de ta jeunesse. Et pour moi je ne pouvais pas leur dire tout ça, parce que je voulais qu'ils soient heureux et je sentais que si je leur dis ça, ils allaient être malheureux* ». La parole qui rompt ce silence engage les changements. Cette rupture causée par l'intervention renvoie à la signification du terme « intervenir » (provenant du latin *intervenire*) qui veut dire « venir entre », prendre part volontairement à une action, afin d'en modifier le cours, agir pour éviter l'évolution d'un mal. En associant le terme « intervenir » à l'événement, on retrouve le verbe « se produire » et l'expression « avoir lieu ». Le travailleur social est donc censé « venir entre » pour tenter de produire un événement. Dans la situation familiale citée précédemment, le travailleur social a contribué au dialogue parental rompu par le conflit. Sa présence a permis d'instaurer la distance dans une situation affectivement turbulente. Ceci va dans le sens de l'événement souligné par Leclerc-Olive (1997), pour qui « l'événement est d'abord un changement ou une perturbation dans un système relationnel triangulaire dont les éléments constitutifs sont respectivement la personne elle-même, les autres, et le référent-objectif » (p. 58). Ce dernier est constitué de la réalité socialement construite, au sens de Berger & Luckmann (1996).

Le fonctionnement familial

Les rôles dans un système familial sont déterminés par les origines culturelles et sociales, mais avant tout, ils constituent les résultats d'une négociation au sein de la famille qui vit dans un contexte spécifique. Lorsque le contexte change, une nouvelle configuration de places est possible, mais pas toujours souhaitée. Dans une situation de divorce, quand les parents reconstruisent leur vie, les changements de la situation familiale font que les enfants trouvent difficilement leur place sans se sentir abandonnés. « *Il a compris un peu... je pense qu'il a pensé qu'on l'a abandonné. Donc, je crois qu'il a compris qu'on était vraiment là, qu'on ne comprenait pas toujours tout. Je vois en ce moment, il est avec son père, parce qu'il a une maison, il vient d'avoir son scooter, il a 17 ans, il passe voir son père régulièrement donc il est content parce qu'il voit ses frères. On l'a aidé à avoir de nouveau confiance* ». Le changement souligné par cette mère a pu s'opérer par une prise de conscience d'un autre fonctionnement familial. Les questions de liens familiaux et de continuité éducative sont ici significatives.

Les parents soulignent assez souvent que les enfants vivent mal le divorce et la raison de ce malaise se trouve justement dans la question de la continuité affective et éducative, car le divorce peut dissocier les modèles éducatifs fondamentaux pour les enfants. La nouvelle configuration familiale peut provoquer le manque de repères qui permettaient à l'enfant de se définir. Pour le travailleur social, il s'agit alors de réinterpréter les relations et d'« ordonner » un peu son univers des significations.

Le changement du regard

Le terme « désordre » appliqué aux pratiques en travail social questionne l'aspect symbolique de l'intervention socio-éducative. La théorie du désordre est sous-jacente au chamanisme, car ce dernier est basé sur la dialectique entre l'ordre et le désordre. L'intervenant, en entrant dans le contexte familial (qui symbolise ici le désordre), apporte des soutiens permettant à l'enfant de comprendre la situation dans laquelle il s'est retrouvé. Il devient pour lui « l'adulte signifiant ». « *En fait nous n'avons pas de famille donc... c'est la personne extérieure qui a expliqué à ma fille et ça l'a rassurée un peu, parce que nous, on lui disait ne t'inquiètes pas et puis un an, deux ans... elle ne voit plus sa sœur pendant trois mois. Donc voilà... elle a vu le psy une fois et après l'assistante sociale a travaillé avec elle. Ça lui a permis d'être un peu plus ouverte et maintenant ça va, quoi. En effet à l'époque elle s'est posée beaucoup trop des questions et c'était les questions des grands, même si elle n'a que 5 ans* ». Pour expliquer le propos de ce père, il est possible de s'appuyer sur la pensée de Watzlawick (1980) portant sur l'image du monde : cette dernière est le produit de la communication, elle n'est pas le monde. Donc la petite fille observe l'absence de sa sœur, c'est la réalité du premier ordre. Ensuite, elle construit son opinion par rapport à cette absence. Elle l'interprète en même temps qu'elle la vit d'une manière douloureuse. On peut aller plus loin en disant qu'elle souffre de cette absence, parce qu'elle l'interprète de telle manière. On peut déduire alors que le « réel » est constitué d'opinions ou de sens et de la valeur accordés aux phénomènes. Une autre signification doit lui être suggérée pour apaiser la souffrance de l'enfant. « *On va introduire le changement en donnant un autre regard, notre regard. Le changement est mental, car ce regard dont je parle ne peut pas être seulement extérieur, mais le regard de chaque membre de la famille est aussi important, ce qu'ils pensent sur ce qui se passe dans leur famille. Ce que les enfants peuvent dire aux parents, ce que les frères et les sœurs peuvent se dire entre eux. Je trouve que c'est très riche. Ça peut bouger les choses ».*

L'exemple présenté ci-dessous, dit comment ce processus du changement se déroule du côté du parent. Dans cette situation, il s'agit de changer le regard sur les événements douloureux survenus dans la famille et de déculpabiliser l'enfant du rôle que sa mère lui a attribué : « *Mes relations avec mon fils le plus grand, moins qu'avec le petit, parce que le petit à l'époque posait beaucoup moins de problèmes, se sont nettement améliorées. Il y avait moins de conflits, moins de violence, parce que je faisais toujours des repères avec le papa : la violence du papa, le viol du papa. Même encore maintenant c'est difficile, mais j'arrive vraiment quand même à beaucoup mieux distinguer ; un enfant c'est un enfant, le père c'est le père. J'essaie de faire une distinction, mais ce n'est pas facile. Voilà. C'est surtout ça que je n'arrivais pas à faire. Eux, ils m'ont montré mes enfants sous un autre jour. Mon fils quand il faisait des choses, moi je ne voyais pas et puis je n'avais pas envie de voir les côtés positifs. Ils m'ont appris à relativiser. Mon fils est devenu... beaucoup moins on va dire... quand je dis violent ça veut dire que des fois on avait des prises de têtes, et des fois, j'avais même des envies de le tuer. C'était quand même grave. Quand quelqu'un dit bon bah, c'est bien de le dire, mais ça peut être dangereux. On m'a dit : on comprend, on connaît votre caractère. Ils pouvaient bien avertir le juge. Mais à l'association, ils savaient que c'était un appel au secours. Je prenais le couteau et je le balançais vers le mur. Et maintenant ça ne m'arrive plus ».*

Le changement de regard porté sur les enfants a pour conséquence que ces derniers ajustent leurs comportements aux attentes des parents. Cela se fait selon les règles de l'effet Pygmalion qui montre la force et l'effet de l'imaginaire. Le terme « Pygmalion » vient de la légende d'un sculpteur grec qui a tellement adoré la sculpture qu'il a lui-même créée, qu'elle est devenue vivante. L'effet Pygmalion a été observé dans le milieu scolaire par

Jacobson et Rosenthal. Ces chercheurs ont montré que les attentes et les attitudes d'une personne résultent d'une perception préalable portée à son sujet. Selon la mère dont le propos est évoqué plus haut, les travailleurs sociaux lui ont montré ses enfants sous un autre jour, ils ont attribué un autre sens aux comportements de ses enfants. Cette pratique s'appelle le « recadrage ». Recadrer veut dire modifier le contexte conceptuel et/ou émotionnel d'une situation, en la plaçant dans un autre cadre. Selon le philosophe Epictète (premier siècle de notre ère), ce ne sont pas les choses qui troublent les hommes, mais l'opinion qu'ils en ont. Cela signifie que chaque opinion (l'attribution du sens) est en position méta par rapport à l'objet de cette opinion et se situe au niveau logique supérieur. Dans la théorie des types logiques, une même entité peut être membre de classes différentes : un cube de bois rouge peut être considéré comme membre de la classe des objets de bois, de la classe des objets rouges, etc. Les opinions que nous avons d'un objet, donc le sens et la valeur que nous lui attribuons, déterminent de nouvelles appartenances de classes. Dès que l'on attribue une valeur à l'objet ou un sens particulier, il est très difficile de le voir comme le membre d'une autre classe, tout aussi pertinente (Watzlawick & al., 1975, p. 119).

Les pratiques parentales

Une autre catégorie de changements, évoquée par les mères, concerne la mise à distance affective dans leurs relations avec les enfants : de leur laisser une plus grande liberté d'action et d'investir un autre type de relations affectives dans leur vie privée. Dans ces situations, il s'agit de l'intervention d'« entre les deux » qui rend possible la circulation dans une relation symbiotique. *« Alors après le travail en groupe, je commençais à partir en week-end toute seule, j'ai permis qu'on s'occupe de moi, que j'ai accepté effectivement qu'on m'aime. Alors maintenant mes enfants ont leur vie privée et moi aussi. J'étais une mère possessive. Alors après je me suis dit qu'ils ont droit de vivre, de faire les erreurs, tout ça ce sont les expériences ».*
Les compétences parentales et les pratiques éducatives en général constituent un objet de changement. Les sentiments

d'impuissance des parents envers leurs enfants sont souvent accompagnés par le manque de solutions et de stratégies éducatives. La façon dont les parents appréhendent leur rôle parental influence fortement les pratiques parentales, y compris les pratiques pédagogiques vis-à-vis de l'enfant. Selon Boisvert et Trudelle (2002), les mères de milieu défavorisé ont un référentiel de compétences qui se définit comme un ensemble structuré, nécessaire pour exercer un métier et considéré comme une référence ou un idéal à atteindre. Même si de nombreuses recherches ont souligné que le niveau de contrôle chez les parents vivant dans un milieu défavorisé est assez élevé, l'étude de Boisvert et Trudelle a montré que le référentiel des mères du milieu défavorisé englobe trois rôles : le rôle du parent affectif (caractérisé par la présence et la disponibilité), le rôle du parent directif (maintien de la discipline) et le rôle du parent éducatif (support aux apprentissages scolaires). Les mères concernées se montrent compétentes dans le rôle de parent affectif, mais elles le sont moins dans le rôle de parent directif et éducatif. La discipline est principalement maintenue par les pères. Les mères cherchent une aide extérieure pour accomplir leur rôle éducatif, car leurs propres trajectoires scolaires ne leur permettent pas d'aider les enfants dans ces tâches. Cela correspond aux observations concernant la discipline et l'autorité chez les mères rencontrées dans le cadre de la présente recherche : la majorité d'entre elles exerce la garde des enfants et les pères sont plus ou moins absents. La recherche citée ci-dessous montre également que les mères éprouvent un sentiment de perte du contrôle sur les situations qui nécessitent la directivité et l'exercice du rôle éducatif. Il est possible que ce sentiment de perte diminue l'auto-efficacité des mères et que l'impuissance construite sur la base d'échecs répétitifs provoque une attitude démissionnaire. L'échec scolaire peut agir comme un *feed-back* sur les compétences parentales et provoquer le sentiment d'échec chez l'enfant et chez le parent. Aussi, si les parents influencent la scolarité de leurs enfants, l'école participe également à la construction du sentiment de compétence chez les parents.

Les parents face à l'école

La mission du travailleur social est de soutenir les parents en tant que personnes responsables de l'éducation de leurs enfants. Cette valorisation est importante dans les rapports entre les parents et l'école. En prenant en compte l'ampleur des difficultés scolaires chez les enfants suivis en AEAD, l'école apparaît comme un partenaire très important pour le service éducatif (Corbillon, Rousseau, Durning, 1999). « *Mon fils, il apprend à l'école bien, parce que l'éducatrice est avec moi à l'école, elle parle avec les maîtresses, elle parle avec la directrice. Elle regarde le problème ; les maîtresses disent la vérité à l'éducatrice* ». Et même parfois, les parents comptent tellement sur l'aide éducative, qu'ils n'attribuent pas les réussites scolaires à leurs enfants, mais à la présence d'un travailleur social qui les représente vis-à-vis de l'école. Ceci induit la question suivante : les enseignants ne préféreraient-ils pas avoir comme interlocuteur un professionnel du social à la place d'un parent qui essaye de comprendre la situation de son enfant à l'école ? Cette question en amène une autre : celle de l'identité parentale qui peut être menacée par une telle attitude de l'école. La relation d'un parent avec l'école se situe parmi celles qu'il entretient avec d'autres agents de socialisation extérieurs à la famille. Ce « face à face » relève des rapports d'autorité que le parent adopte face à l'école et qui peuvent se différencier selon sa culture d'origine et le milieu socioéconomique. L'autorité étant l'expression d'un pouvoir légitime renvoie à l'obéissance qui est une forme de soumission. Les recherches en psychologie sociale ont montré que l'obéissance est liée à la reconnaissance de la légitimité. L'individu hiérarchise ses propres valeurs en fonction de celui à qui il doit obéir, en essayant de conserver une bonne image de soi. Il adapte son attitude selon les attentes de l'autorité et en cas de conflit, il choisira les valeurs conformes à celles de l'autorité. En adoptant une telle attitude, il se décharge ainsi de sa responsabilité personnelle. Des recherches plus anciennes, par exemple celle de Vottenburg (1978), ont montré certaines caractéristiques des rapports à l'autorité entretenus par les personnes de milieu défavorisé. Ainsi pour ces personnes, l'autorité appartient aux

« autres », ils n'ont pas l'impression de pouvoir l'influencer et ils ont très peu d'informations réelles sur le fonctionnement institutionnel. Le père, dont les propos sont cités ci-dessous, considère son fils fautif, même s'il n'a pas commis d'actes prouvant sa faute. En reconnaissant la légitimité de « l'école française », il ne reconnaît pas la sienne, celle de parent d'élève : « *si quelqu'un parle avec mon fils ou mon fils parle avec quelqu'un gentiment, la maîtresse regarde mon fils, c'est lui qui est au premier rang. Elle ne prend pas tous les enfants de la même façon. Elle met toujours mon fils dehors, c'est lui qui est méchant, selon elle. Mon fils m'a dit que la maîtresse a jeté son carnet. J'ai dit à mon fils "ce n'est pas vrai", parce qu'il est jeune. Mon fils m'a dit : la maîtresse ne voulait pas de moi. Elle m'a dit qu'elle n'aime pas ses façons. Je lui ai dit que je ne peux pas casser sa tête, c'est un enfant, ce n'est pas un adulte ni un monstre. L'éducatrice a dit que ce n'est pas normal. Elle a demandé à la directrice de l'école de regarder le problème entre mon fils et la maîtresse. Elle a dit que si mon fils fait une bêtise, elle* [l'éducatrice] *est là. S'il commence à faire des bêtises, vous me le dites. J'ai dit à la maîtresse que j'ai impression que vous n'appelez pas les autres parents, vous n'appelez que moi. Je ne voulais pas dire de gros mots, je ne voulais pas dire que mon fils est mieux que toi. Je n'ai pas voulu dire ça. J'ai dit que peut-être mon fils est jeune, peut-être il ne comprend pas, peut-être il est agité... je ne voulais pas être agressif. Même si la maîtresse a fait mal à mon fils, je suis toujours contre mon fils. Je ne veux pas encourager mon fils devant la maîtresse* ».

La reconnaissance des compétences professionnelles du travailleur social par l'enseignant peut faciliter leur communication dont le sujet reste toujours l'enfant. Quelle est alors la place du parent dans cette relation duelle qui devient triangulaire par la suite ? Que se passe-t-il quand la mesure prend fin et que le parent doit répondre aux attentes de l'institution représentant une autre culture que la sienne ? Le même père l'exprime ainsi : « *Je ne connais pas de parler contre la maîtresse, ou contre la directrice. Moi je vais à l'école, je ne parle pas. C'est l'école française, moi je n'ai rien à voir là-dedans. Voilà la vérité. Mais l'association, ce sont les spécialistes. Comme Madame X va à l'école, la maîtresse ne peut pas sortir à droite, à gauche. Et quand moi je vais là-bas, c'est la maîtresse qui commande tout. L'éducatrice connaît la loi, la maîtresse ne peut pas dire n'importe quoi. Et quand c'est moi-même qui y vais, elle me parle à l'inverse. Comme ça, je comprends que la maîtresse n'est pas droite, mais je ne peux pas le dire. Moi, je vis depuis 40 ans en France, j'y travaille depuis 40 ans. La France... elle a de bons et de mauvais cotés. En France, celui qui ne connaît pas la loi, c'est fini ».* Cet extrait indique le rôle du service éducatif en tant que « tiers médiateur » dans des relations culturellement distantes. Au-delà de la culture, les expériences négatives socialisantes instaurent la distance entre la famille et l'institution. Les parents deviennent de plus en plus inaccessibles pour l'école et de moins en moins présents sur le plan éducatif. Leur situation socio-économique et les conditions de vie au foyer font qu'ils délèguent les tâches éducatives aux institutions spécialisées et aux professionnels de l'enfance et de la jeunesse. Dans le cas de parents immigrés, la situation inégalitaire avec les enseignants fait qu'ils se sentent dominés et délégitimés par rapport à la scolarité de leurs enfants. Cela instaure la distance, au point que les parents ne s'approprient pas l'école, ils n'ont pas de sentiment de contrôle et de responsabilité envers la vie sociale et scolaire de l'établissement. Pourtant, la vie scolaire – qui occupe une grande partie du temps d'un élève – influence d'une manière significative son développement sociocognitif. Si le parent pensait avoir un rôle clé à jouer dans le développement de ses enfants, cela augmenterait peut-être son potentiel éducatif et parental. Ensuite, il pourrait considérer l'éducation de ses enfants comme une responsabilité partagée qui, à travers la notion de communauté éducative, est incluse dans la loi d'orientation de 10 juillet 1989. Certains parents d'origine étrangère sacralisent l'école, car elle permet la réussite et la promotion sociale. Ceux qui se sentent dévalorisés obtiendront une reconnaissance sociale et symbolique par le biais de la réussite de leurs enfants, au même titre que ces enfants deviendront « les cartes de visite » de la famille et prendront le rôle de médiation entre les parents et l'administration du pays d'accueil. Selon Zachraoui (1998), sociologue et chercheur au CNRS, les parents d'origine immigrée ne sont pas absents dans la scolarité de leurs enfants, mais leurs modes d'investissement sont différents. La scolarité des enfants participe fortement à l'acculturation de la famille, car elle constitue la porte d'entrée par laquelle la langue et la culture du pays d'accueil s'introduisent. De même, la famille réorganise son rythme de vie en fonction de l'emploi du temps imposé par l'école. Le chercheur cité ci-dessus différencie les parents français d'origine modeste des parents d'origine étrangère, en affirmant que même si les premiers rencontrent des limites à un moment donné dans l'aide scolaire pour leurs enfants, pour les seconds, ces limites sont inscrites d'emblée.

La résistance aux changements

La majorité des parents a perçu les changements apparus au cours de la mesure ou induits par elle, mais pour certains d'entre eux les difficultés repérées au début sont toujours présentes. Pour Mugnier (2000, p. 49), l'expression d'une demande renvoie pour une famille à une envie d'opérer un changement. L'absence d'une demande conduirait au manque de volonté de changement. Il semble néanmoins que cette relation est beaucoup plus complexe.

Selon Watzlawick (1980), toute prescription d'un comportement va soulever une résistance. Dans toute situation de conflit, on dispose de deux procédés de défense pour parer aux coups de l'adversaire : soit on réagit par une contre-attaque de force au moins égale, soit on cède. Dans ce cas, il s'agit bien d'une confrontation de forces entre l'intervenant (ou l'institution) et l'usager. Les propos de ce père vont dans ce sens : « *Ça fait presque deux ans qu'elle est partie définitivement, depuis qu'elle est partie, elle est au même stade, elle ne bouge pas. On lui donne 23 euros par semaine, elle mange, elle dort. On ne l'aide pas à reprendre une formation, la rentrée s'approche. Alors si c'est comme ça qu'ils le font, c'est une très mauvaise assistance sociale. Moi, je ne sais pas comment ma fille vit là-bas, qu'est-ce qu'on lui dit là-bas, je ne sais pas. Or, l'enfant ne sera jamais à eux, on aide l'enfant pour qu'il se retrouve sur une bonne voie sociale, mais par rapport à ses parents aussi, son milieu naturel, d'origine. Alors s'ils veulent que la famille soit bien, il ne faut pas couper le pont. Ce que font les assistantes sociales, c'est de mettre l'enfant quelque part, pour qu'il fasse une autre vie. Mais comment vit la famille, ce n'est pas leur problème ».* L'offre de service et la proposition de changement faites à l'usager peuvent se trouver en décalage avec les principes qui dirigent ses comportements (ce qu'on peut comprendre aussi de ce que ce père exprime). En conséquence, il pourra adopter un comportement résistant ou totalement rejeter l'aide proposée. La résistance aux changements se manifeste par la réticence à modifier ses comportements, représentations ou idées. Ce refus concerne d'autres raisons que les valeurs personnelles, ou religieuses de l'individu (Dicquemare, 2004). Cela peut se faire en raison de trois motifs, distingués par Watzlawick (1980), qui peuvent transformer la difficulté en problème et, au même titre, provoquer la résistance de l'usager : premièrement, si la solution choisie nie qu'un problème est un problème ; deuxièmement, lorsqu'on s'efforce de modifier une difficulté qui est inaltérable ou inexistante ; troisièmement, quand on commet une erreur de type logique en essayant de provoquer le changement de la relation.

Tout changement passe par la parole et les pratiques narratives permettent de conserver la continuité du sens. Certains parents soulignent l'importance de la praxis vue comme une mise en acte de la parole éducative. La différenciation entre logos et praxis est une question très ancienne, qui se trouvait au centre des réflexions des philosophes grecs. Logos signifie la parole, le discours et la raison. La pensée s'inscrit dans la parole, la raison organise le discours. Le terme « praxis » provient du verbe grec *prattein* qui veut dire agir, elle concerne chez Aristote l'action morale et politique et se trouve en opposition avec *theoria*, la théorie. La vie de l'homme est double, car il s'agit de mettre en pratique la pensée, d'où la nécessité, pour les usagers interviewés, de mettre en œuvre la pensée et d'être accompagnés dans ce processus. La différenciation faite pas les parents entre la parole et l'action correspond également à celle entre logos et praxis. Ils sont nombreux à souligner l'équilibre nécessaire entre l'action et les pratiques discursives : « *Au début c'était bien, ça m'a permis de parler, mais c'est tout. Sinon ils ne m'ont pas dit qu'il y avait d'autres structures. Je n'ai pas vu d'aide concrète, on ne faisait que parler. C'était plus la psychothérapie que prévention pour les enfants Donc il n'avait que la parole avec eux, rien de concret. Même les enfants à la fin, ils ne les supportaient plus, ils me disaient : encore eux. Et comme elles venaient, un enfant partait au foot, un autre sortait de la maison et à la fin je me retrouvais toute seule avec elles et elles demandaient "comment ça se fait que les enfants ne sont pas là". Ils voulaient dire que moi je brûlais les étapes, je voulais avancer trop vite. Pour eux il fallait d'abord discuter. Alors comme je disais que je veux une aide pour les enfants à l'école, je veux que RASED s'en occupe, ils n'ont jamais fait. Je voulais qu'ils me mettent en contact avec les orthophonistes, ils ne l'ont jamais fait. Je voulais des aides concrètes* ».

Pour la majorité des travailleurs sociaux interviewés, même si toutes les familles signent le même type de contrat, elles n'ont pas les mêmes attitudes et ne s'impliquent pas de la même manière dans le travail socioéducatif. Dans ce sens, les changements obtenus et l'évolution de la situation familiale dépendent de l'attitude adoptée par l'usager. « *L'évolution dépend de l'état de conscience que la famille a par rapport aux difficultés qu'elle rencontre. Déjà, il faut dire que toutes les familles signent leur accord avant de travailler avec nous, mais dans les pratiques ces mêmes accords sont très différents. Il y a des familles qui se sentent obligées de travailler avec nous, elles pensent souvent qu'on va placer les enfants si elles disent non à l'AEAD. D'autres familles sont conscientes qu'elles ont des problèmes et en fonction de ça les résultats sont différents* ». Quelles sont les stratégies possibles qu'un usager peut adopter vis-à-vis d'une institution et des acteurs institutionnels qui participent à la socialisation de la famille ? La typologie de Kellerhals et Montandon (1991) porte sur quatre modes de coordination, c'est-à-dire quatre attitudes possibles d'un parent envers les différents acteurs de l'éducation de ses enfants : l'opposition, la délégation, la médiation et la coopération.

• L'opposition a lieu quand les parents refusent l'intervention extérieure en la trouvant illégitime, ils doutent des compétences des intervenants.

- La délégation a lieu quand les parents reconnaissent la légitimité de l'intervention, mais qu'ils font tout leur possible pour qu'elle s'arrête le plus tôt possible.
- La médiation concerne le cas où les parents reconnaissent une seule compétence à l'intervenant, celle de son métier, mais ils refusent toute implication qui ne relève pas de cette compétence.
- La coopération concerne le cas où les parents trouvent l'intervention légitime et souhaitent travailler avec l'intervenant pour améliorer leurs capacités éducatives.

Trois de ces catégories apparaissent dans le discours des parents interviewés. En y joignant les sentiments de satisfaction ou d'insatisfaction exprimés par les parents, ainsi que le changement d'attitude (stratégie) possible au cours de la mesure éducative, il s'est montré envisageable de repérer cinq parcours possibles :

- Coopération – satisfaction – opposition – insatisfaction : au cours de l'intervention, le parent, au début coopératif, s'est ensuite opposé à l'intervention. Cela concerne 2 parents. Ils distinguent deux étapes dans l'intervention jugeant efficace l'une d'entre elles. En conséquence leurs attitudes et leurs sentiments de satisfaction changent au cours de l'intervention.
- Coopération – opposition – insatisfaction : 3 parents qui témoignent de ce changement d'attitude ne soulignent ni leur satisfaction initiale, ni l'efficacité de la mesure.
- Coopération – insatisfaction : c'est le cas de 3 parents qui ont coopéré mais ont été déçus par l'intervention, qu'ils jugent inefficace. Toutefois, ils ne semblent pas totalement opposés à l'AEAD.
- Coopération – satisfaction : cette attitude représente la tendance majeure dans cette recherche. Elle apparaît chez 18 parents rencontrés.
- Délégation – opposition – insatisfaction : cette catégorie est présente dans les propos des 5 parents et leur insatisfaction semble influencer l'efficacité de l'aide. Les propos de ces parents montrent qu'ils avaient une attente précise et unique vis-à-vis de la mesure éducative. Malheureusement, cette dernière n'a pas pu répondre aux attentes des parents. Les autres compétences professionnelles n'ont pas été reconnues chez les intervenants.

Si l'on considère comme critère le sentiment qui accompagne l'usager à la fin de la mesure, le nombre de parents satisfaits et insatisfaits est presque le même. Une des explications des attitudes adoptées découle des places prises et attribuées dans la relation d'aide. Certains aspects de cette relation ne sont pas maîtrisables et certains refus de collaboration de la part de parents sont des refus de la place assignée, dont le sens disqualifiant est déjà attribué préalablement. Les difficultés des parents satisfaits et insatisfaits peuvent être du même ordre, toutefois les parents insatisfaits ont toujours été orientés vers le service d'AEAD par un autre acteur institutionnel. Le sentiment d'insatisfaction est dominé par l'incompréhension. Les parents insatisfaits ont vécu l'intervention du service comme une violence vis-à-vis de leur famille, une violence incomprise. Dans cette logique, le travailleur social est perçu comme un agent au service de l'État, et la relation entre l'usager et le service est interprétée en termes de rapports de pouvoir.

Les parents satisfaits semblent prendre « la bonne place ». La place de « demandeur de l'aide », qui leur a été implicitement attribuée, ne se trouvait pas en discordance avec la place qu'ils voulaient prendre. C'est parmi les parents satisfaits que l'on trouve à la fois ceux qui ont fait une demande directe auprès du service de l'AEAD et ceux qui ont été orientés par d'autres services. Il est possible de constater que les parents satisfaits ont trouvé le travailleur social (le service) efficace, car les changements attendus ont été établis. Ce sont les familles dont l'envie de changement a été importante. Dans tous les cas, leur rapport au service ne se caractérise pas par la contrainte. Ces parents tentent par cet acte d'exercer une certaine influence sur les domaines de leur vie dans lesquels ils ne se sentent pas autonomes et souhaitent exercer un certain contrôle. Comme le souligne Chatenoud (2004), les logiques de coopération peuvent se manifester lorsque les parents placent le travailleur social dans la position d'expert et qu'ils considèrent l'intervention comme un temps d'apprentissage. Dans un autre cas, les parents peuvent souhaiter établir une relation égalitaire avec les travailleurs sociaux, comme le montrent certains parents qui considèrent les travailleurs sociaux comme leurs sœurs, leurs amis, etc. Dans ces relations, l'usager tente de diminuer la relation asymétrique entre le professionnel et le parent, voulant ainsi se protéger contre la désignation sociale qui est source de la honte.

Conclusion

Le fait de questionner les parents sur les difficultés et les changements qu'ils ont perçus permet d'appréhender la manière dont ces usagers comprennent les missions de l'AEAD, le sens qu'ils attribuent au travail effectué, leur satisfaction ou leur insatisfaction et l'efficacité de ce travail. C'est pour cette raison que les difficultés et les changements perçus constituent les piliers du postulat portant sur la représentation de l'efficacité. Il existe une relation circulaire entre les changements et les difficultés perçus. Elle rend possible une influence réciproque de l'effet sur la cause et de la cause sur l'effet. De même, les changements perçus peuvent réinterroger la perception des difficultés initiales, les réinterpréter, donner un autre sens.

La complexité du changement dans le domaine du travail social provient du fait que le professionnel agit sur un système dont les éléments sont interdépendants, de même que les facteurs agissant sur la famille ne sont pas isolés. Néanmoins, les usagers pensent que les changements de leurs situations sont dus aux mesures éducatives et aux travailleurs sociaux référents. Il existe alors à la fois un lien direct entre les changements perçus et la satisfaction ressentie, ainsi qu'entre l'absence du changement souhaité et l'insatisfaction. Il peut s'agir de l'offre du service qui se trouve en décalage avec les principes qui dirigent les comportements de ces usagers et, en conséquence, provoque la résistance aux changements ou un rejet total de toute aide. L'opposition peut aussi être due aux attentes non réalisées de l'usager. Ces attentes portent sur le manque d'action qui devrait accompagner la parole et de cette façon accomplir l'acte éducatif. Ce point de vue a été confirmé par certains professionnels qui pensent que le dialogue peut ne pas être suffisant pour qu'un changement puisse se produire. Il s'agit à la fois de poser des actes éducatifs et de construire le sens du changement par la remise en question de l'état actuel. On peut en déduire alors que chaque transformation a deux aspects : l'un physique, observable, l'autre symbolique qui indique le sens. Ces deux aspects sont nécessaires pour que le changement s'accomplisse.

Pour la majorité des travailleurs sociaux interviewés, les changements obtenus dépendent de l'attitude adoptée par l'usager. De même, la stratégie parentale adoptée vis-à-vis de la mesure, détermine l'évolution de la situation familiale. Les sentiments de satisfaction ou d'insatisfaction exprimés par les parents ont été associés aux catégories de coordination, élaborées par Kellerhals et Montandon (1991). Les situations évoquées par certains interviewés ont exigé la prise en compte d'un changement d'attitude possible au cours de la mesure éducative. Parmi les parents satisfaits, on trouve à la fois ceux qui ont fait une demande directe auprès de service de l'AEAD et ceux qui ont été orientés par d'autres services. Les parents satisfaits ont trouvé le travailleur social (le service) efficace, car les changements attendus ont été réalisés. Par contre, le sentiment d'insatisfaction est dominé par l'incompréhension et par la violence symbolique.

4

L'aide et le contrôle social : une articulation paradoxale

Selon Amiguet (2004, pp. 156-158), il existe quatre types d'enjeux contradictoires en travail social : d'abord, l'enjeu pour soi qui est basé sur une vision autoréférentielle de ce qui donne un sens au travail réalisé par le professionnel. Viennent ensuite les enjeux qui émergent face aux autres professionnels ; ils concernent la reconnaissance de chacun dans l'équipe et dans le réseau institutionnel, la légitimité de l'action de chaque acteur et leur système de valeurs. Se situent ensuite les enjeux qui évoquent l'aspect financier des actions menées et le fait que le travailleur social est souvent confronté aux limites de son mandat. Apparaît enfin l'enjeu face à l'usager, central pour cette recherche, car défendre les usagers face à une société qui exclut c'est aussi dire ce qui est bien pour eux, leur indiquer les critères des choix qu'ils effectueront dans le futur.

La reconnaissance mutuelle des acteurs de la relation d'aide permet de rendre l'intervention légitime. Il s'agit de reconnaître les compétences professionnelles du travailleur social, ainsi que le savoir parental de l'usager. Ce dernier point peut paraître discutable, si l'on considère qu'en dehors de l'aide, il s'agit de contrôle social impliquant les termes de norme et de déviance, un processus dialectique. De la même façon qu'il n'y a pas d'ordre sans désordre, il n'y a pas de déviance sans norme. L'ordre peut être identifié à la contrainte, à la régularité ou à la structure, contrairement au désordre qui indique le hasard, la déviance, la perturbation. L'ordre et le désordre ne sont pas opposés. Il y a de l'ordre dans le désordre et à l'inverse (Fortin, 2000). Ainsi selon Hell (2002, p. 364), « le désordre n'est ni hasard ni abomination ; il est tragiquement normal ».

La construction de toute société implique une activité normative et le contrôle social qui en découle. Dans le cadre de la protection de l'enfance, ce sont les pratiques parentales qui sont directement ou indirectement visées. On aide les parents à être de « bons » parents, il y a donc un processus de désignation sociale (Paugam, 1991) et de retour à la norme. On peut même dire que la déviance constitue un objet de négociation sociale, car selon Alföldi (2004), « entre la loi sociale et la loi familiale, le milieu ouvert offre un espace d'expérience où sont renégociés les paradoxes qui affectent la vie de l'enfant » (p. 87). L'efficacité se situera donc à l'interface de la double logique, comme le montre cet extrait : « *L'efficacité, je trouve que c'est une adéquation entre ce dont la famille a besoin, selon elle, ce dont la famille a besoin selon nous, ce que nous on a besoin dans notre travail aussi. On a notre idéal au niveau de ce qu'on peut apporter* ». La distance sociale permet d'introduire la norme. Mais qu'est-ce que la normalité ? Selon Canguilhem (1996, p. 106), pour définir le normal, il est nécessaire de se référer aux concepts d'équilibre et d'adaptabilité. L'auteur différencie la normalisation de la normativité. La normalisation est un processus passif et statique qui a pour objectif de rendre les choses conformes à une norme préétablie. La normativité est une démarche prospective et dynamique qui vise à produire de nouvelles normes. Le travail social est un travail de la norme et autour de la norme. Le fait que le travailleur social se confronte en permanence aux situations limites et à la marge, interroge son propre rapport à la norme. Le travailleur social est « un agent d'entre deux » (Amiguet & Julier, 1996), sa position socioprofessionnelle le situe ainsi. Toujours entre celui qui le missionne et l'usager, entre l'usager et son problème, entre l'usager et ses réseaux relationnels, entre la dimension individuelle et collective de son travail. La posture du chaman le situe aussi à la marge, entre le monde des esprits et celui des hommes. De là découle aussi son étrangeté, liée toujours, selon Hell (2002, p. 348), à la « marginalité transgressive », transgressive, car elle se trouve en rapport avec l'ambivalence du rite et du sacrifice[30]. Dans le phénomène de l'efficacité

---

[30] L'auteur aborde l'utilisation du sang durant les rites. La symbolique du sang se

symbolique, « grâce à leurs désordres complémentaires, le couple sorcier-malade incarne pour le groupe, de façon concrète et vivante, un antagonisme propre à toute pensée, mais dont l'expression normale reste vague et imprécise : le malade est passivité, aliénation de soi-même, comme l'informulable est la maladie de la pensée ; le sorcier est activité, débordement de soi-même, comme l'affectivité est la nourrice des symboles » (Lévi-Strauss 1958/1974, p. 209). La cure chamanique relie donc les deux réalités opposées et transpose cette « cohérence contradictoire » sur le plan social. « L'habitus psychique », selon Weber (1996, p. 179), recherché dans le ritualisme détourne l'individu de l'action rationnelle. Toutefois, il s'agit dans toute activité religieuse et ritualisée d'exercer un certain contrôle sur les adeptes (la confession préalable au sacrement, le rite de purification dans « le monde à l'univers multiple[31] »). Dans le système de la protection de l'enfance, la contractualisation d'une aide éducative coexiste avec l'aide éducative contrainte. L'aide et la contrainte créent l'espace du paradoxe dans lequel ces deux formes d'aide éducative coexistent. Mais comment, dans cet espace paradoxal, se situe l'efficacité de l'aide ?

D'après Autès (2004), « le double visage du social, sa double logique, sa double référence sont à la fois la raison de son impuissance et celle de son efficacité » (p. 72). Le paradoxe du travail social se situe sur plusieurs niveaux, cependant la présente recherche met l'accent seulement sur celui de « l'aide émancipatrice » et de « l'aide contrôle », deux termes empruntés à Hardy (Hardy & al., 2001). Ce sont deux notions opposées coexistant dans le dispositif d'AEAD. La première est fondée sur la proximité, le partenariat, la stricte confidentialité, la coresponsabilité et la richesse du réseau, et l'autre ne peut pas échapper à la stigmatisation d'une carence à la prise en charge et au contrôle. L'une est dominée par les compétences professionnelles, l'autre par la dimension du pouvoir. L'aide deviendra donc soit émancipatrice, soit contrôlante en fonction de

---

caractérise par une forte ambiguïté, il est à la fois synonyme de la violence et de l'alliance, le sang salit et purifie. L'utilisation du sang situe le chaman entre l'ordre liturgique et la sorcellerie.
[31] L'expression est empruntée à Stengers et Nathan (2004).

la dimension dominante : la compétence ou le pouvoir. Dans la relation du pouvoir, les acteurs n'ont pas les mêmes ressources à échanger et leurs possibilités d'action sont différentes. Les travailleurs sociaux ne nient pas leur pouvoir et soulignent ces deux dimensions d'aide. Ainsi selon la posture qu'ils veulent adopter, ils s'interdisent certaines pratiques. « *Je sais que j'exerce le contrôle social, je le sais, mais je ne le vis pas comme ça et je me refuse. Là je parle en mon nom personnel. Je me refuse par exemple à aller chez la famille sans la prévenir. Au même titre que quand je travaille sur le budget de la famille, je lui dis que je ne veux pas savoir si vous avez acheté le chocolat ou d'autre chose. Si je dis : vous avez acheté quoi, vous avez dépensé 100 euros ? C'est du contrôle. Par contre je sais pertinemment que pour les familles, même si parfois elles nous traitent comme un membre de leur famille, elles savent très bien qui nous sommes et que si la mère pendant trois jours n'a pas donné à manger à son enfant en voulant le punir, elle ne va pas nous le dire. Si elle nous le dit de cette manière, ça veut dire qu'elle n'a pas conscience de la gravité des choses. La même chose, quand on va chez la famille, elle sait que je vais venir. Nous, on analyse l'environnement de la famille, si c'est propre, si c'est sale, on peut s'interroger : tiens, ils savaient que j'allais venir, est-ce qu'ils n'ont pas fait exprès, qu'est-ce qu'ils veulent me dire par-là, mais je ne juge pas. Les gens savent que nous sommes les travailleurs sociaux et que si, dans la maison, il n'y a aucune hygiène et tout ça, on a des comptes à rendre. Moi, je leur rappelle que je suis le travailleur social, je ne suis pas une amie de la famille. Je leur dis qu'on ne pourrait pas se rencontrer s'ils n'avaient pas eu de difficultés* ». Pour Meyer (2004), les professionnels doivent réfléchir sur la représentation qu'ils veulent investir dans la relation avec les usagers. Cela permet de construire de façon consciente une attitude professionnelle propre et claire pour soi et pour l'interlocuteur. La majorité des professionnels ressent davantage le contrôle social dans des mesures dites « difficiles », car ils doivent accomplir leurs tâches professionnelles contre la volonté des parents. Les mesures difficiles, ce sont celles qui se judiciarisent en raison de la non collaboration de la famille et des éléments de danger existant pour l'enfant. Dans ces situations, la demande n'est pas articulée ou la véracité de la demande est mise en doute. Dans ce cas, l'évaluation de la demande ou du changement qui découle de l'intervention met le travailleur social en situation de double lien. Ces sentiments très complexes s'expriment de cette manière : « *je dirais qu'on ressent le contrôle plutôt dans des situations un peu critiques, pas dans toutes les situations. Dans les situations où on est inquiet, on est à la limite du judiciaire. Les parents arrivent directement après le signalement, après la CLE* [Commission Local Enfance] *où on se demande quelle mesure on propose à la famille judiciaire ou administrative, oui, les mesures limites comme ça je me demande si je ne suis pas dans le contrôle et aussi parce que je peux avoir peur qu'il passe quelque chose où je vais en parler au chef de service et au psychologue. On est bien obligé de s'assurer que les enfants sont bien surveillés par les adultes et qu'ils ne sont pas en situation de danger. Ça veut dire qu'il faut être présent et dire à la maman : soit vous surveillez vos enfants, soit on signale la situation au juge. Là, j'ai l'impression d'être dans le contrôle, oui. Il y a aussi toutes les situations qui sont pleines de suspicion de maltraitance sexuelle ou de trucs un peu bizarres entre les frères et sœurs sans qu'on ait la moindre preuve. Là, il y a tout un climat un peu bizarre, pendant les mois, on est en train de se dire qu'est ce qui se passe, non il ne faut pas que je pense à ça, mais en même temps, on sent qu'il y a quelque chose pas clair. Je pense que le contrôle, c'est aussi de répondre à la question : qu'est-ce qui se passe dans cette famille ? La visite à domicile est obligatoire pour nous dans les premiers six mois de la mesure. On va aussi pour s'assurer que chaque enfant a son lit, comment la maison est organisée et qui dort avec qui. C'est un peu ça quand même. On va voir l'appartement pour voir les conditions de vie de la famille. C'est inconfortable, mais dans les situations limites comme ça je pense que c'est nécessaire* ». Le signalement judiciaire, interprété comme un échec, peut ne pas être bien vécu par le professionnel. Le fait que la famille rejette l'aide qu'il propose peut l'interroger sur sa pratique. Chauvenet (1992) le dit de cette façon : « Le signalement résulte d'un échange de parole qui a échoué, d'une confrontation qui n'a pas pu advenir. C'est un refus d'échange, où le client n'est plus traité comme un égal, un moment où le professionnel envahi par l'angoisse, le soupçon et un point de vue accusateur, renonce à cette confrontation pour laisser à un appareil extérieur la décision des mesures qui ont le plus souvent une connotation répressive et dont il connaîtra rarement les suites, dans la mesure où l'échange est rompu. Dans ce cas, le professionnel renonce à sa libre capacité d'action, il s'efface devant le pouvoir de son appareil institutionnel pour se confondre avec lui » (p. 42). Lors d'un signalement judiciaire, le travailleur social du secteur administratif rencontre les limites de son action. S'il les perçoit au niveau de ses compétences professionnelles, il éprouvera un sentiment de culpabilité. « *Je pense que le contrôle social réveille des sentiments de culpabilité. On se sent coupable à contrôler les gens. Mais, des fois, les gens nous mettent dans ce rôle, ils ont besoin. Si la situation représente un danger pour l'enfant, on n'est plus dans le contrôle. Moi, j'ai beaucoup de situations, depuis quand je suis arrivée au service, qui se sont judiciarisées. Je fais énormément des signalements, un signalement par mois, ce qui est assez important. Parce que déjà dans le rapport qui arrive, il y a les éléments du danger qui se dégagent, donc il faut faire un écrit, il faut contrôler, questionner à droite à gauche pour voir ce qui se passe. Je trouve qu'on peut vite tomber dans les excès de contrôle, comme téléphoner à une telle pour connaître tel élément du dossier. Et non, il faut s'arrêter là, parce qu'on n'est plus dans notre cadre du tout. Et c'est vrai que ça devient très compliqué parce que c'est nécessaire mais si les gens ne comprennent pas ça devient très compliqué. Parce que du coup, ils renvoient leur incompréhension et ils demandent de l'aide et on arrive nous, on essaye et du coup on arrive à signaler, donc avertir le juge des enfants, les gens ne comprennent pas, c'est un choc pour eux, ils nous renvoient ça, donc je trouve que c'est compliqué* ». Une autre stratégie possible est de considérer les limites d'action non pas sur le plan du travailleur social mais au niveau institutionnel. Dans ce sens, les mesures administratives et judicaires sont complémentaires. Le travailleur social touche à la marge sociale, son rôle est de permettre aux individus de réintégrer la norme par la reconstruction des liens sociaux. Dans les situations lourdes, où les difficultés sociales existent depuis longtemps, la figure du juge et la symbolique de la loi peuvent déclencher les changements. Si le contrôle social est le plus ressenti au moment du signalement judiciaire, le rôle du professionnel travaillant en AEAD ne se limitera-t-il pas à nommer la déviance et à passer le relais ? Cet extrait donne quelques éléments de réponse : « *Là où il y a ce risque de signalement il y a la dimension de contrôle social. Je crois qu'il faut l'avouer et ne pas avoir honte de ça. On est là dedans, évidemment. Parce que de toutes les façons, on remplit les missions de l'ASE, on va vérifier. Je pense que certaines personnes nient cette dimension de contrôle, on n'est pas dedans tout le temps, mais des fois oui. Donc des fois on est obligé de faire les signalements quand on voit qu'il y a des choses qui ne vont pas et qu'il faut protéger l'enfant. Ca se sent le plus... où on sent que la parole est dangereuse. Un discours peut montrer qu'un enfant est désigné, là on est dans le contrôle. On se demande qu'est-ce qui se passe vraiment et souvent on demandera une enquête, que le juge ordonne une enquête. On sent bien, qu'il y a un discours méprisant sur un enfant et on n'est pas du tout sur une relation de confiance. C'est une famille qui a accepté l'aide de notre service, parce que ils se sentaient... ils ont déjà eu à faire à la justice dans un autre département, ça était classé sans suite. Dans notre département ils ont eu de nouveau des soucis. Mais il y a aussi des familles pour qui on n'est pas du tout dans le contrôle, dans la vérification, je me sens plus dans l'aide. Dans les autres on se dit : je vais vérifier si on se trompe ou pas, si les enfants sont en sécurité* ».

D'après Léomant et Sotteau-Léomant (2001), « les représentations que les usagers ont de l'intervention judiciaire sont dans un processus d'interstructuration avec leurs représentations, tant de l'institution que de la fonction des juges des enfants » (p. 36). Ainsi, cette fonction ne doit pas forcement être répressive. Certains usagers considèrent l'espace judiciaire comme celui de la parole donnée à l'enfant. C'est encore une fois la demande directe du parent adressée à l'instance judiciaire qui allège les possibles conséquences d'une violence symbolique. À la suite d'une séparation conjugale douloureuse, ce père a entrepris de telles démarches : « *On a écrit au juge des enfants, pour qu'il nous convoque. Je me suis dit, je ne sais pas comment il faut faire, je veux dire par là, ça ne nous arrive pas tous les jours. Donc moi, j'ai décrit la situation, les voisines que je voyais quasiment tous les jours m'ont fait les courriers comme quoi je m'occupais bien de ma fille, je travaillais, etc. J'ai prévenu mon patron, j'ai prévenu l'école. De là, on a été convoqué au juge et on s'est arrangé pour les enfants».* Les discours recueillis ont permis de constater que, dans des situations où l'usager lui-même s'adresse au juge ou lorsque le contact avec la justice découle de l'adhésion de l'usager, la contrainte est moins significative, notamment parce que la distance adoptée par l'usager vis-à-vis des institutions d'aide et de régulation sociale n'est pas significative. Les travailleurs sociaux associent les visites à domicile au contrôle, car elles peuvent bien souvent être interprétées comme une intrusion dans la vie privée de la famille. Le lieu de rencontre est tout à fait important, mais le fait de s'introduire dans la vie privée de quelqu'un, « avec ou sans invitation », ne se passe-t-il pas plutôt au niveau symbolique ? Ce professionnel donne quelques éléments de réponse : « *C'est clair que nous avons aussi le pouvoir, je ne supporte pas de penser que je suis dans le contrôle social, c'est quelque chose qui est compliqué pour moi, mais c'est vrai que ça existe. Si on nous demande de faire les visites à domicile c'est bien pour contrôler si l'appartement est adapté aux besoins de gamins, qu'il y a bien à manger dans le frigo. Si je veux, j'ouvre le frigo et je regarde ce qu'il y a là dedans, etc. Après il y a des histoires d'éthique et les histoires déontologiques... qui on est ? C'est le respect de la personne qui demande de ne pas le faire. Moi, je suis la plus gênée du monde, quand je dois aller faire la visite à domicile, quand je dois dire à la famille : vous m'amenez votre budget, etc. ».* Les visites à domicile dont l'objectif s'inscrit dans le travail de proximité, interrogent la question de légitimité d'intervention dans la vie privée de la famille. Selon Gouhier & *al.* (1993), « chaque aidant développe autour de son intervention une muraille de principes qui a pour objet de légitimer l'aide, notamment de réduire la culpabilité ou les questionnements que semble faire surgir sa pratique » (p. 7). Dans les deux services concernés par cette recherche, ce mode de travail est posé différemment. Dans le premier, les visites à domicile sont inscrites dans le cadre institutionnel (une visite doit avoir lieu dans les premiers six mois de la mesure), dans l'autre service, cette question est réfléchie au niveau de l'équipe qui peut renoncer à ce mode de travail. Cependant, la majorité des parents interviewés apprécient beaucoup le fait que les travailleurs sociaux viennent leur rendre visite. Les visites à domicile peuvent être appréciées par le parent, tout d'abord par leur aspect pratique : « *Ils m'ont dit qu'on peut se rencontrer dans un lieu neutre soit à la maison. Alors moi, j'ai choisi à la maison pour le coté pratique pour moi* ». Il se peut également que là où les équipes refusent de travailler de cette manière, le manque de visite à domicile provoque la frustration chez l'usager : « *Ces gens-là ne viennent pas chez vous, vous devez aller dans leur bureau avec vos gamins. Alors ils ne voient pas comment vous vivez, rien, le cadre, rien, le chambre des enfants, rien. Mais bon c'est leur façon de faire, qu'est ce que vous voulez. Donc au début j'étais très déçue* ». Pour le professionnel, le contrôle social est aussi associé à la question de l'évaluation, assimilée à un acte de vérification. Cependant, ces deux termes n'ont pas la même signification et, d'après leur étymologie, ne devraient pas être considérés comme synonymes. Le travailleur social porteur de la norme se situe entre son code déontologique et celui des usagers. Défendre les usagers signifie-t-il agir selon leur code ? Comme le souligne Dubet (2002, p. 243), si un éducateur dénonçait toutes les situations illégales qu'il rencontre dans sa pratique, il perdrait la confiance des usagers et dans certains cas, il se mettrait lui-même en danger. Cependant, il est porteur de la norme et ce constat ne semble pas conflictuel si la norme, la morale qu'il intègre, se trouvent en concordance avec le code pénal. La norme de l'usager est-elle la même que celle du professionnel ? Le positionnement de ce dernier vis-à-vis de l'usager implique aussi un autre enjeu, celui de la place que l'on donne à sa parole « évaluative ».

Car inciter l'usager à donner son opinion sur l'aide reçue signifie lui attribuer plus de pouvoir dans cette relation qui, selon Dubet (2002, p. 235), apparaît elle-même comme une institution. Si la relation est une institution et constitue « un objet sacré » du travail social, elle est régie par les règles institutionnelles qu'elle-même crée.

5

Les places attribuées à l'usager et au travailleur social dans la relation d'aide

Être le sujet et l'acteur de ses actes n'est pas un état statique, c'est au contraire un processus dynamique qui concerne chaque individu et, par conséquent, les usagers de l'Action Educative en Milieu Ouvert. Ces usagers sont en effet des personnes qui, à un moment donné de leur vie, rencontrent des difficultés et qui ont alors besoin d'être accompagnées vers un changement. Le mot « accompagner » renvoie au partage d'un savoir, à l'échange, à la capacité d'« être avec ». Il s'agit ici d'un accompagnement éducatif où le verbe « éduquer » signifie « conduire au-delà de soi » (Schaller & al., 1999) ou, comme le souligne Dicquemare (2004), « éduquer » c'est aussi « sortir du désir des autres pour devenir le sujet de sa propre histoire » (p. 42). L'individu devient l'acteur et l'agent de sa propre vie. Celui qui pose un acte éducatif croit que l'être humain est capable de dépasser ses difficultés de quelque nature qu'elles soient.

Le point de vue des professionnels

La nature de l'accompagnement est liée au contrat et à la place laissée à l'usager pendant l'intervention. Selon Danancier (1999), l'accompagnement s'inscrit dans le terme « pédagogue ». Chez les Grecs, le pédagogue guidait l'enfant vers les lieux d'enseignement et assurait son retour dans la famille. Il assurait une fonction de passage entre la sphère privée de la famille et le domaine public où le jeune allait acquérir le savoir. Le pédagogue avait un savoir-faire. Il évaluait les talents des jeunes et les expériences, auxquelles ceux-ci devaient se confronter pour progresser.

Les verbes « accompagner » et « suivre » font partie du vocabulaire courant du travailleur social. Néanmoins, ils impliquent deux relations différentes par rapport à la place et au pouvoir des acteurs impliqués dans ces relations. Le terme « accompagner » vient de l'ancien français « compain », qui signifie compagnon, il veut dire « être à côté de quelqu'un », « aller avec ». L'« accompagnement » est un « ensemble de conseils personnalisés et de mesures de suivi apportés à court et à moyen terme, à une ou à plusieurs personnes, pour répondre à des besoins d'ordre personnel, familial et professionnel, qui facilitent des prises de conscience, qui aident les personnes à développer leurs compétences et à les mettre en œuvre, à trouver leurs propres solutions et à les appliquer » *(Le Grand dictionnaire terminologique du Québec).* Dans ce cas, il s'agit d'un positionnement symétrique et d'une relation horizontale qui vise le développement des aptitudes, l'amélioration de l'efficacité dans la résolution des problèmes existants ou à venir, la mise en place de stratégies centrées sur les objectifs et le maintien et l'enrichissement des compétences d'une personne. En revanche, le verbe « suivre » qui vient du latin *sequit (sequere)* veut dire « venir après, se situer derrière quelqu'un ou quelque chose » (*Dictionnaire de l'Académie Française*, 9ème édition) et il semble plus adapté à l'expression « conduire vers ». Le terme « accompagner » correspond à « faire ensemble » qui, selon Deana (2004, p. 20), veut dire travailler ensemble, l'un avec l'autre ou en même temps. Il s'agirait donc de partenariat construit à la base de réciprocité, d'égalité, de complémentarité et de partage. Le partenariat et la coaction impliquent des sujets « égaux », ayant des places différentes dans un engagement réciproque. Il peut encore s'agir du terme « coéducation » qui évoque la répartition de responsabilités et de tâches, susceptibles d'être assumées. Dans cette perspective, les professionnels et les parents sont tournés ensemble vers l'enfant, comme le dit ce professionnel : « *Je conçois mon travail toujours comme ça : si je suis trop devant ça ne va pas, si je suis trop derrière ça ne va pas non plus. Il faut toujours ajuster les positions, qu'on ne soit pas trop dans des mondes complètement opposés ou dans des mondes complètement parallèles et de trouver un lieu commun. Je suis utopiste donc j'aimerais croire que c'est d'égal à égal, j'aimerais croire que c'est vraiment l'accompagnement et que je suis à côté. égal, c'est-à-dire de ne jamais me montrer supérieure. Mais il ne faut pas se mentir, nous sommes aussi dans le contrôle social, dans la protection de l'enfance, nous avons le pouvoir. Il faut faire très attention. J'estime que si je veux accompagner une famille je ne dois pas être dans le pouvoir. Et ma phrase régulière que j'adresse aux familles lors du premier entretien, c'est : je ne suis pas là pour vous juger, que ce que vous faites est mal. J'essaie de me mettre dans une dynamique : je dis que j'ai un savoir éducatif et vous avez un savoir de terrain de votre enfant et de votre histoire. Alors, on va tout mettre en commun et on va faire avec. J'essaie d'être dans l'accompagnement où on est à côté».* Même si l'accompagnement, cette relation horizontale et symétrique, semble être utopique pour certains, les autres essaient « d'être avec la famille et d'aller avec elle », en partageant leur savoir professionnel et en découvrant le savoir parental. Il s'agirait donc d'une intervention centrée sur les compétences de la famille, car selon Ausloos (1996), les familles ont des compétences nécessaires pour effectuer les changements dont elles ont besoin, à condition, que l'on les laisse expérimenter leurs auto-solutions, et que l'on active le processus qui les y autorise. Meyer (2004, p. 33) pense également que, si l'on considère les parents comme responsables et si l'on devient partenaire de leur évolution, on s'installe pleinement dans l'accompagnement qui consiste à être à côté dans une position rassurante, sécurisante, suffisamment forte et porteuse.

 Le contrôle social et le pouvoir délégués aux travailleurs sociaux interrogent la place attribuée à l'usager durant l'intervention. Cette place est construite dans un processus socio-historique et elle évolue constamment avec les changements de paradigmes. Selon Kuhn (1972), le paradigme est une « *communauté de croyances, de présupposés, de représentations, édifiée à une époque donnée, en théorie dominante, pour en constituer le credo* ». Il y a un siècle les paradigmes de l'époque permettaient d'enfermer les malades mentaux et les enfants délinquants dans des asiles et de les traiter d'une manière qu'aujourd'hui nous estimons barbare et inappropriée. Avec le temps, les familles « assistées » par les services sociaux deviennent leurs partenaires et des acteurs à part entière. Actuellement, ces services, comme l'affirme Heslon (2004), doivent « abandonner la prise en charge au profit de la prise en compte » (p. 20). L'intervention sociale et médico-sociale est passée du « modèle protecteur » qui maintient les personnes dans l'assistance et la dépendance aux institutions, au « modèle promoteur » (Jaeger, 2002) qui vise à développer les potentialités des usagers et à les accompagner dans une dynamique d'insertion sociale. Ce changement a été confirmé par la loi du 2 janvier 2002, rénovant l'action sociale et médico-sociale. Les articles 7 à 13 de cette loi approfondissent la participation des usagers au sein de l'établissement. L'article 7, paragraphe 3 évoque une prise en charge individualisée de qualité qui favorise le développement de l'individu, son autonomie ou son insertion. Cette prise en charge doit être adaptée à l'âge de l'usager et à ses besoins, respecter son consentement éclairé, systématiquement recherché, lorsque la personne est apte à exprimer sa volonté et à participer à la décision. Cet article de la loi indique deux axes importants : d'abord l'idée de contractualisation et ensuite la capacité à contracter. Pour certains travailleurs sociaux, cette capacité ne semble pas être acquise chez certains parents : « *Il ne faut pas non plus se dire que la famille choisit tout, parce que du fait d'être demandeur d'aide donc une partie de sa vie ne va pas et elle nous laisse un petit peu décider, je ne sais pas si le mot « décider » est juste, mais...* ». Un autre professionnel ajoute : « *Quand on travaille en AEAD on a une place où on peut exiger. Toute la difficulté est que les parents, ce ne sont pas les collaborateurs : nous sommes les professionnels et eux, ils ont besoin d'être aidés. Donc la relation d'aide n'est pas symétrique, donc on ne peut pas toujours... on n'est pas toujours dans l'écoute, il faut aussi leur proposer des choses, ils attendent ça. Ils attendent qu'on leur apporte les réponses, les solutions auxquelles ils n'ont pas pensé* ». « *Alors, j'encadre un petit peu, parce que je suis généralement le maître du travail ; ceci étant, si je fais une faute professionnelle, ça s'est grave* ». Loubat (2000) remarque que « nous ne sommes pas familiarisés culturellement à une telle négociation dans un secteur d'activité largement issu de « l'autolégitimation ». « Si les professionnels du secteur savent généralement écouter, ils sont en revanche beaucoup moins préparés à consulter et encore moins à négocier ». Pourtant la prise en compte de leurs points de vue est une qualité recherchée par les usagers, d'autant plus que leur participation au projet éducatif est un des éléments structurant l'intervention. Selon l'une des mères, cette prise en compte est nécessaire pour améliorer l'efficacité des interventions, pour mieux appréhender les besoins et les attentes des usagers. Elle l'exprime de cette manière : « *Il faut réorganiser les services, qu'il y ait un superviseur qui vient dans ce service, qu'il pose des questions que vous posez, qu'il rencontre les personnes concernées comme moi, comme beaucoup d'autres. J'aurais voulu qu'on me demande ce que je pense et que je parle en tant qu'ex maman en difficultés de ce que j'ai ressenti. Que tout le monde entend ce que pensent ces personnes en difficultés* ». Les usagers parlent de l'utilité sociale de l'AEMO, ce qui peut s'inscrire dans la dynamique de l'évaluation et de la démarche qualité. En effet, selon Jaeger (2002 p. 36), l'évaluation met également en jeu la satisfaction des personnes auxquelles les prestations sont destinées. Que disent à ce sujet les travailleurs sociaux interviewés dans le cadre de notre recherche ? Comment l'idée de contractualisation apparaît-elle dans la pratique professionnelle ? « *Nous sommes des êtres humains et on est en France où on négocie beaucoup. La mesure comme tout contrat est toujours négociée. Il y a un contrat... j'ai horreur de ce mot là mais... on a un savoir éducatif, et eux, ils ont leur savoir parental. Et si on arrive à se mettre d'accord que l'intérêt c'est l'enfant, on a gagné ! Quand on se retrouve dans des dimensions sociales, familiales, culturelles différentes... on peut avoir l'impression qu'il y a deux mondes. Le travailleur social doit négocier pour s'approcher de la famille, pour faire un pas vers la famille. Mais il faut que la famille fasse un pas aussi et se tourne vers nous. Sinon ça ne va pas* ». Ce propos montre que la mesure éducative se négocie et que l'objet de cette négociation n'est pas simplement la réalisation d'un axe de travail, mais aussi le choix de ces axes. La même question se pose lors d'une échéance du contrat et lors de son possible prolongement. Pour certains travailleurs sociaux, il est important de savoir comment les parents comprennent le travail qui a été effectué, avant de prolonger le contrat d'aide. Le rapprochement entre le besoin et la réponse suppose une négociation qui efface l'idée désignante et stigmatisante de besoins présumés et préconçus propres à une catégorie sociale. Si l'on considère que les parents restent responsables de l'éducation des enfants, car ils détiennent toujours l'autorité parentale, la négociation est équivalente au respect dû à la famille. Néanmoins, la marge de décision qu'un travailleur social laissera à la famille, varie selon la pratique professionnelle, constituée entre autres par la représentation que chaque travailleur social se fait de son métier, de lui-même et des familles avec lesquelles il travaille. « *La mesure se négocie peut-être mais dans une petite marge, mais pas trop. Je ne sais pas, si c'est le rythme de rendez-vous qui ne lui convient pas ou les choses comme ça, si c'est un problème d'organisation, on peut aussi s'adapter aux familles en fonction de leurs problématiques et de ce qu'elles peuvent demander quoi. Je pense que sur la forme de rendez-vous il y a des choses possibles, sur le fond... je ne sais pas, tout dépend de la question qu'on veut travailler sans la famille. C'est vrai que c'est plutôt nous qui avons la ligne directrice. Mais ça ne signifie pas non plus qu'on soit tout puissant* ». Si on s'appuie sur le propos de ce professionnel, on peut se demander si la négociation peut concerner seulement certains aspects du contrat, car cela s'oppose à l'idée même de contractualisation. Si la négociation est partielle, le pouvoir est également présent. La négociation est indispensable au partenariat qui se construit à la base d'un intérêt commun, de l'égalité de statut entre les partenaires et sur un engagement libre et réciproque. Ceci s'applique aussi à la contractualisation où il s'agit de se mettre d'accord sur la définition du problème à traiter et sur les objectifs à atteindre. Il est important de définir les règles de collaboration et les exigences réciproques qui font partie du cadre dans lequel se déroule l'intervention. Le cadre articule les limites, participe à la définition d'une relation et selon Amiguet & Julier (1996), il est le contenant, la matrice de la définition et de l'évolution de la relation. Le cadre est un des facteurs institutionnels participant à la relation d'aide. La place de l'usager, qui semble dépendre de la posture professionnelle propre au travailleur social, est également influencée par le cadre institutionnel. Les résultats montrent cette interdépendance et la complexité d'une situation professionnelle où il s'agit de garder la cohérence entre les objectifs du service ou de l'institution, la mission confiée à l'intervenant, ses objectifs personnels et les attentes, les demandes et les objectifs de l'usager. *« J'ai fait des départs différemment parce que je pensais différemment. Après ce n'est pas évident parce qu'il y a des pratiques plus anciennes et il faut s'accorder avec l'institution, les collègues, la famille... mais je pense que c'est vraiment nécessaire d'entendre les familles. Quand je suis arrivée, j'ai essayé de mettre en place ce que je pensais, mais souvent il faut adapter notre savoir-faire à celui de service. Je respecte la famille, ce que les gens pensent. Parfois, j'ai les retours des collègues qui voient mal la participation de l'usager. Maintenir la place de l'usager dans la pratique ce n'est pas si évident que ça ».* Aux yeux de certains professionnels, la place de l'usager ne dépend que de la posture que celui-ci adoptera vis-à-vis de la mesure, comme si le cadre institutionnel n'existait pas ou qu'il était aussi ouvert qu'insignifiant. Pourtant, selon Amiguet & Julier (1996), dans des systèmes où le cadre est nié, il y a une lutte souterraine pour le pouvoir, il y a confusion constante entre le contenu et la relation. Il se peut que certains aspects de la relation d'aide ne soient pas maîtrisables et que certains refus de collaboration de la part de parents soient des refus de la place assignée, place dont le sens disqualifiant est attribué préalablement. Cette attribution peut être faite à travers l'évaluation implicite et être fondée sur ce que Amiguet & Julier (1996, p. 190) appellent « les préconstruits », c'est-à-dire sur « tout ce qui précède la rencontre et qui avant même tout contact, toute exploration, fait que quelque chose existe déjà ». Un professionnel traduit ce phénomène en termes de représentation : *« Je pense que comme nous on a des représentations sur la famille, on a au début un écrit, quelqu'un qui dit quelque chose de cette famille, les gens ont automatiquement une représentation ».* Les représentations des uns et des autres sont fortement présentes dans une relation d'aide. Elles influencent la place de chaque acteur durant l'intervention. Par ailleurs, il peut y avoir, une différence entre la place implicitement attribuée et celle qui finalement sera prise. La discordance apparaît donc lorsque cette place implicitement attribuée n'est pas celle qui finalement sera occupée. L'importance de ce constat s'affirme dans le propos de Jullien (1996, p. 44), pour qui l'effet d'une action ne résulte pas de valeurs personnelles des acteurs mais des places qu'ils occupent dans l'interaction.

Le point de vue des parents

On peut constater que les parents satisfaits de l'aide éducative ont également pris « la bonne place » pour être soutenus. La satisfaction qui en découle est liée au fait que la place de « demandeur de l'aide » qui leur a été implicitement attribuée, ne se trouvait pas en discordance avec la place qu'ils voulaient prendre. Ce processus devient plus complexe dans les cas des parents insatisfaits. Leur expérience avec les services sociaux ne leur a pas permis de confirmer leurs rôles de parents. Ils se sont sentis ignorés dans ces rôles et « dépossédés » de leurs enfants, en vivant la relation avec les services comme un jeu de pouvoir. L'un des pères interviewés l'explique de cette manière : « *Personne n'est venu au jour d'aujourd'hui. Ça fait presque deux ans qu'elle (sa fille) est partie définitivement, depuis qu'elle est partie, elle est au même stade, elle ne bouge pas. J'attendais une investigation au sein de la famille, pour qu'ils voient pourquoi l'enfant est parti. Mais ils n'ont pas fait, personne n'est venu chez moi, ils ont entendu l'enfant, or elle, elle attendait ses 18 ans pour faire ce coup-là. Alors, elle a eu juste ses 18 ans au mois de mai et au mois de juin, elle est partie, même pas, elle est partie fin mai. Alors, j'ai reçu seulement un mot du Tribunal de Grande Instance, c'est tout. Je trouve qu'il faut faire des enquêtes, il faut écouter et associer les parents, même si on reprend l'enfant, il faut associer les parents à l'éducation des enfants* ». Dans une autre situation, le positionnement du service vis-à-vis de l'usager influence aussi la satisfaction de l'aide reçue. L'image qui a été attribuée à cette mère ne correspondait pas à l'image qu'elle avait de lui-même : « *Je pense qu'ils voulaient m'attribuer une image qui n'était pas la mienne. Quand ils me voyaient souvent en colère, parce que je me battais, ils ne savaient pas comment je suis réellement* ». Ce propos, qui montre que l'interviewée ne s'est pas du tout sentie comprise par le service, interroge la manière dont se forment les impressions que nous avons des autres. Selon Chatenoud (2004), les représentations et les relations que les parents entretiennent avec les différents intervenants ne constituent pas les mêmes objets. Cependant, les représentations orientent les comportements, elles mettent en rapport les processus symboliques et les conduites. Elles influencent donc indirectement les relations entre les usagers et les professionnels. Selon Moliner (2001, p. 60), la partie observable du processus attitudinal réside dans le caractère évaluatif des réponses que le sujet manifeste à l'égard de l'objet d'attitude. La réponse évaluative du sujet est basée sur une représentation de l'objet. Cela signifie que la représentation constitue une forme de connaissance évaluative, car l'individu a besoin de comprendre et de donner du sens à ce qui l'entoure. Il a besoin aussi de cerner la valeur sociale des objets et des personnes. Selon Denis (1989), « des représentations cognitives ont une fonction conservation de l'information ». Elles servent à « conserver des informations par ailleurs non directement accessibles aux sens (des relations, des structures, etc.) », elles sont « utilisées comme instruments de planification des actions, elles assurent ou peuvent assurer une fonction de systématisation des connaissances, et enfin elles sont susceptibles de se trouver intégrées dans des systèmes plus complexes où intervient la notion de transmission interindividuelle d'information » (p. 27). Dans cette logique, une catégorisation possible des informations rend envisageable une systématisation des représentations. L'hypothèse posée par Denis (1989, p. 21) affirme ce point de vue. Il existe selon lui, à l'intérieur d'une classe donnée de représentations, des propriétés qui généralement font de cette classe un ensemble systématisé. Dans le cas de cette recherche, les représentations que les usagers se font des travailleurs sociaux et des institutions d'aide sociale constituent une catégorie générale des représentations qui est mobilisée, voire modifiée au cours d'une intervention socio-éducative. Si la relation est jugée positive, elle peut modifier les représentations négatives incluses dans la catégorie plus générale (1) et si elle est vue comme négative, elle confirmera les représentations négatives (2). Dans le troisième cas de figure, si les représentations générales sont positives et que la relation est négative, l'individu pourra limiter son jugement négatif à la relation avec le travailleur social référent et ce jugement ne sera pas inclus dans la catégorie générale des représentations (3). Les exemples ci-dessous illustrent cette hypothèse.

1. *La relation positive change les représentations négatives.* Le premier exemple confirme le fait que la relation privilégiée avec le travailleur social peut changer la catégorie générale des représentations. « *Cette assistante sociale c'était un appui. En plus avant, je n'aimais pas du tout les assistantes sociales* », dit une mère.

2. *La relation négative confirme les représentations négatives.* La trajectoire institutionnelle de l'usager et ses expériences avec les différents services sociaux lui permettent de construire une opinion au sujet des assistantes sociales. La relation avec le service de l'AEAD a confirmé la représentation générale qu'avait cette mère, elle le dit ainsi : « *On dirait que quand elles* (les assistantes sociales) *sont plus jeunes, elles sont plus motivées, plus à l'écoute, plus présentes. Alors les plus âgées, peut-être elles sont très fatiguées, mais aussi très administratives* ».

Le propos d'une autre mère donne également l'exemple d'une représentation générale au sujet de travailleurs sociaux. « *Je pense que les travailleurs sociaux sont vraiment perçus mal par les familles, elles ont une mauvaise image d'eux. Je pense que le préjugé concernant les travailleurs sociaux est qu'ils prennent la décision arbitrairement. Je pense que ce préjugé il faut le faire tomber* ».

3. *La non-influence de la relation négative aux représentations positives.* Une mère déçue de l'aide apportée par le service de l'AEAD ne transpose pas cette relation négative aux représentations positives qu'elle a de l'assistante sociale du secteur. Elle le dit de la manière suivante : « *L'assistante sociale sur secteur est partie, elle est partie travailler sur une autre section... Elle m'a donné sept cents francs du trésor public, je suis allée chercher. Quand ma fille voulait partir en vacances, elle a appelé le secours catholique, on était à la petite enfance, elle m'a prélevé les vacances. Je n'ai jamais eu des problèmes. Elle savait ma situation, ma fille, mon fils, ils sont toujours partis en vacances, elle écrivait au maire adjoint à la solidarité, il me complétait, je n'ai rien payé. L'assistante sociale de ce service* [de l'AEAD], *franchement, elle n'a rien fait pour moi, elle ne sert à*

rien. Cette association vit grâce à nous, qu'il y a des gens comme nous qui vont les voir. S'il n'y a pas de gens comme nous qui viennent les voir, ils n'existeraient pas. N'est-ce pas ? S'il n'y a pas de gens qui viennent, l'assistante sociale ne travaillerait pas, les éducateurs... le psychologue seront partis. Est-ce qu'ils auront leurs belles voitures, bien garées. Moi, j'ai vu leurs belles voitures. Voilà, l'assistante sociale, les éducateurs, le psychologue ont de belles voitures. Alors ce n'est pas la peine. Moi je préfère crever que d'aller les voir ».

Dans le champ de la psychologie sociale, l'attitude est une fonction de valeur et de la probabilité subjective d'un éventuel résultat (Moscovici & al., 1984 p. 314). Les valeurs et les attentes prennent ici la place centrale. Ainsi, les attentes non réalisées sont à la base de frustration et d'insatisfaction. Le propos de la mère présenté ci-dessus relève de « l'analyse naïve de l'action » de Heider (1958) qui fait partie des théories d'attribution. Par les attributions, les individus tentent, avant tout, de rendre le monde, tant physique que social, prédictible et contrôlable (Bromberg, 2004a). Selon la théorie d'attribution de Heider (1958), par le processus cognitif de l'attribution, l'homme est en mesure de rechercher des structures permanentes, non–directement observables, qui sous-tendent les effets. Il identifie des « entités causatrices »[32], responsables de ce qui surgit dans le monde. Ceci participe à la compréhension de la réalité et rend possible la classification en événements identifiables. Dans cette approche, l'acteur et l'acte sont vus comme les parties d'une unité causale, ce qui veut dire que la responsabilité d'une situation donnée est attribuée à une personne concrète. Il s'agit de la connaissance « naïve » qui est une connaissance évaluative et implicite. Ce type de connaissance n'est pas détaché des représentations socialement construites. Dans quelle mesure les représentations individuelles s'imprègnent avec celles qui sont partagées par un collectif ? Car, nous savons d'après Denis (1993, p. 100) que lorsqu'un système cognitif est interrogé sur un objet ou sur une relation, il doit activer la représentation de cet objet ou de cette relation ou la représentation des objets impliqués dans cette relation. Ces

---

[32] L'expression est empruntée à Moscovici (1984).

représentations disponibles en mémoire à long terme auxquelles le système cognitif fait appel sont souvent qualifiées de « connaissance ». Cette connaissance est-elle socialement instituée ? Certainement, car les parents appréhendent les missions des travailleurs sociaux selon les domaines des besoins sociaux mis en exergue. Dans ce sens, l'éducatrice est une femme à qui l'on peut parler, une femme qui aide, qui effectue des activités de loisir avec les enfants. En fonction de cette perception, construite elle-même sur les attentes, les parents adopteront des attitudes différentes face aux professionnels. Sur le plan théorique, l'attitude est une disposition interne de l'individu face à un objet social. Elle possède un composant affectif et cognitif qui intègre les jugements et les croyances, ainsi qu'un composant conatif qui indique la tendance d'action. La relation entre ces trois composants se pose en termes de « cohérence intra-altitudinale et inter-altitudinale » (Moscovici & al., 1984, p. 312). La cohérence intra-attitudinale voudra qu'un jugement réveille les sentiments qui ont la même connotation évaluative et qui orientent les actions de l'individu de la même manière. Ceci explique le fait que les parents qui évaluent négativement l'aide reçue, tentent d'interrompre le contrat avec le service ou ne le renouvellent pas. La recherche de Corbillon & Chatenoud (2002) montre que la proximité affective projetée par les usagers vers les professionnels est propre à la logique de la coopération. Cette dernière détermine également la satisfaction de la relation d'aide que l'usager établit avec le travailleur social référent. Il ne s'agit donc qu'indirectement de la satisfaction vis-à-vis de la mesure éducative, qui est cadrée et représentée par le service. Le cadre institutionnel qui structure la relation d'aide est minoré au profit de la personnalité du travailleur social. Ces constats s'appliquent aux parents qui ont projeté une image affectivement signifiante sur les professionnels. Ce n'est pas le cas de tous et certains établissent un interdit éthique et social dans leur rapport au travailleur social, cet extrait le confirme : « *Bon normalement on ne peut pas mélanger ça, j'ai envie de dire qu'elle faisait partie de ma famille. Mais normalement, on ne doit pas mélanger ça* ». Pour les personnes qui perçoivent les travailleurs sociaux comme des personnes affectivement proches, la fin de la mesure semble être difficile. Cela veut-il dire que l'accompagnement vers l'autonomie était plus efficace dans les cas des parents qui se sont plus rapidement détachés de « leurs » travailleurs sociaux ? Quand on pense « séparation », on pense aussi « dépendance ». L'intervenant qui induit le changement est porteur des attentes de la famille. Il apparaît comme le sauveur en puissance, mais il peut être aussi le juge en puissance, car il a le pouvoir d'intensifier la peur et les angoisses. Un père le confirme en exprimant sa douleur : « *Depuis qu'elle est partie, l'éducatrice, depuis qu'elle est partie jusqu'à maintenant, on est mal. C'est la fin du monde pour moi, c'est la fin. Parce qu'elle m'a beaucoup aidé, je vais pleurer, je ne veux pas pleurer. Elle m'a fait sortir de la misère. Le jour où elle est partie c'est fini. À l'école, à la maison entre mes enfants, il y a plus rien. Ca va très mal. Depuis qu'elle est partie, j'ai des problèmes avec l'école* ». Une autre mère parle de son « sens machiavélique » qui peut être traduit en d'autres termes comme le besoin de sécurité : « *Des fois, vous voyez comment des fois on est un peu machiavélique dans ce sens-là. Des fois je me dis : je voudrais qu'il m'arrive quelque chose pour faire une demande. Vous voyez et puis je dis non si je fais ça, ça sera un signe que je suis redescendue un peu. En même temps ce n'est pas ce qu'on veut, on voudrait être autonome et toujours avoir une porte de secours sans dire : on est retombé* ».

Selon Le Poultier (1990, p. 37), l'approche sociologique en travail social a permis de percevoir ces professionnels non comme les agents du contrôle social et de la normalisation, mais comme des acteurs à part entière, ayant une position de tiers ou de médiateur capable de réduire les conflits. Dans la présente recherche, cette perception est plutôt liée à la manière dont l'intervention a été vécue. Si elle est contractualisée et voulue, la figure du tiers médiateur apparaît. Si l'intervention est vécue comme une forme de violence symbolique, le travailleur social est perçu par le prisme du contrôle social.

Conclusion

Même si la place de l'usager semble dépendre de la posture professionnelle du travailleur social, celle-ci est également influencée par le cadre institutionnel. Cette interdépendance est complexe, car il s'agit de garder la cohérence entre les objectifs du service, la mission confiée à l'intervenant, ses objectifs personnels, les attentes, les demandes et les objectifs de l'usager.

La compréhension d'une mesure éducative et le sens qui lui est attribué se construisent en fonction de la trajectoire institutionnelle de l'usager. Cette dernière recouvre l'ensemble des expériences que l'usager a pu acquérir en étant en contact avec différentes institutions d'aide. À ce sujet, les entretiens réalisés ont montré que les représentations que les usagers se font des travailleurs sociaux et des institutions d'aide sociale constituent une catégorie générale des représentations qui est mobilisée, voire modifiée au cours d'une intervention socio-éducative. Si la relation est jugée positive, elle peut modifier les représentations négatives incluses dans la catégorie plus générale. Si elle est vue comme négative, elle confirmera les représentations négatives. Dans le troisième cas de figure, si les représentations générales sont positives et que la relation est négative, l'individu pourra limiter son jugement négatif à la relation avec le travailleur social référent et ce jugement ne sera pas inclus dans la catégorie générale des représentations.

Le contrôle social s'inscrit dans la relation d'aide instaurée dans le cadre de l'AEAD. Néanmoins, ces deux termes « aide » et « contrôle » semblent paradoxaux. Pour certains travailleurs sociaux, la question du contrôle semble être problématique. Ils se refusent à certaines pratiques, persuadés que le contrôle n'est pas la finalité du travail éducatif et que l'aide se trouve au-delà du contrôle. En d'autres termes, Hardy (Hardy & al., 2001) aborde cette question en distinguant deux notions opposées : « l'aide émancipatrice » et « l'aide contrôle ». La première est initiée par une demande, elle est fondée sur la proximité, le partenariat, la stricte confidentialité, la coresponsabilité et la richesse du réseau, et l'autre ne peut pas échapper à la stigmatisation d'une carence, à la prise en charge et au contrôle. Le principe d'aide émancipatrice guide alors l'intervention basée sur les compétences. Par contre « l'aide contrôle » est basée sur le pouvoir. Dans cette dernière logique, certains refus de collaboration des parents sont des refus de la place assignée dont le sens disqualifiant est déjà attribué préalablement. Les parents insatisfaits ont vécu la relation avec les services comme un jeu de pouvoir dans lequel leur rôle parental a été ignoré. Dans un autre cas de figures, l'image attribuée à l'usager ou la représentation dont il a été porteur ne correspondait pas à l'image qu'il avait de lui–même. Quant aux parents satisfaits de la mesure, ils semblent prendre « la bonne place ». La satisfaction qui en découle est liée au fait que la place de « demandeur de l'aide » qui leur a été implicitement attribuée, ne se trouvait pas en discordance avec la place qu'ils voulaient prendre. Dans certains témoignages, les travailleurs sociaux sont considérés comme les personnes affectivement proches de l'usager. La proximité affective qui permet de livrer son intimité au travailleur social, nécessite la transparence du contexte de la relation. Cette transparence semble d'autant plus importante, car les places prises et attribuées dans la relation d'aide ont également un impact sur le processus du changement de la situation familiale.

6
À la recherche de l'efficacité des interventions socio-éducatives

L'efficacité des pratiques professionnelles n'est pas un terme nouveau. L'envie de progresser, de réaliser les objectifs, concerne chaque domaine d'action de l'individu. Cependant, transposée sur le champ du travail social, l'efficacité semble faire l'objet de surinterprétations qui fonctionnent dans l'espace langagier propre à cette catégorie socioprofessionnelle. Les analyses de l'efficacité, au lieu d'assurer les travailleurs sociaux dans leur quête du perfectionnement, menacent et remettent en question les savoir-faire des professionnels.

L'évaluation comme processus intersubjectif

Les personnes évaluent les services dont ils font usage. Ceci s'applique également aux services sociaux dont l'aide leur a été offerte. Selon les étapes évaluatives (évaluation préalable des intentions, évaluation du processus et évaluation des effets) indiquées par Boutin & Durning (1999), les propos des usagers présentés dans cette recherche se situent au dernier niveau, car ils portent sur les résultats de l'intervention. Ce type d'évaluation subjective relève des catégories établies par Alföldi (1999) qui opèrent en fonction des niveaux d'implication consciente de l'évaluateur. Dans ce contexte on distingue :

L'évaluation implicite. À ce niveau, le jugement de valeur n'est pas formulé, il est implicite, mais il reste soumis aux effets réducteurs des stéréotypes, c'est-à-dire aux idées rigides dont le sens est commun, massivement partagé et validé par les croyances collectives. L'évaluation implicite est dynamisée par les processus conscients et/ou inconscients qui exercent une influence sur tout le processus évaluatif.

L'évaluation spontanée produit des jugements de valeurs qui sont explicites, mais également moralistes au sens négatif du terme. L'évaluation spontanée se base sur l'attribution d'étiquette dans laquelle les mécanismes psychiques inconscients s'expriment très fortement. En même temps, elle a une fonction cathartique, car elle permet à la personne d'évacuer les surcharges émotionnelles.

L'évaluation instituée s'appuie sur une méthode reconnue collectivement, sur une réflexion théorique qui permet de prendre des distances par rapport aux problématiques rencontrées en cours de travail.

L'appréciation de l'aide reçue par les usagers des services (les enfants et les parents) est une forme d'évaluation qui se situe au niveau implicite et spontané. Leurs appréciations peuvent porter aussi bien sur les compétences du service, sur ces propres compétences ou sur celles du professionnel. Selon l'un des travailleurs sociaux, « *l'évaluation professionnelle se base sur les entretiens avec les parents, on évalue ce que nous disent les parents et aussi les partenaires et sur ce qu'on observe aussi. Ce sont les parents qui nous disent, pendant les entretiens, les parents commencent à nous dire que ça va mieux, que l'enfant va mieux, sa scolarité, son comportement ou les enfants qui simplement ne parlaient pas à leur parents, qui parlent maintenant. Ces petites évolutions comme ça font qu'on peut voir une évolution. Et ce sont les parents qui nous le disent* ». Selon Brangier & Targuino (1998, p. 26), la personne compétente est jugée comme telle, parce qu'elle est détentrice de valeur aux yeux de celui qu'elle évalue (la valeur perçue du service peut ensuite être généralisée au professionnel et vice versa). Cette valeur n'est en fait due qu'à l'utilité sociale, c'est-à-dire à l'adéquation entre les attentes de l'institution et le caractère opérationnel des individus. Il s'agit aussi d'une composante de nature sociale qui médiatise le rapport de connaissance entre le sujet et l'objet de la perception. Ainsi, les rapports sociaux entretenus avec les objets ou la personne à évaluer déterminent et fondent nos processus de connaissance (Brangier & Targuino, 1998, p. 26). L'évaluation est une activité cognitive qui met en jeu des représentations, aussi bien celles des utilisateurs du service que celles des professionnels vis-à-vis des usagers. Selon Barcenilla & Tijus (1998, p. 42), en dressant un modèle mental correspondant aux représentations de l'utilisateur, on modélise aussi l'utilisateur.

La prise en compte de la satisfaction de l'usager à propos du processus d'aide s'inscrit dans l'approche nommée *empowerment*, traduite comme pouvoir d'agir. Une recherche américaine a montré (Kapp & Propp, 2002) que la communication constitue le premier facteur qui influence la satisfaction des usagers des services sociaux au sens large. Il s'agit à la fois de dialogue entre l'usager et le professionnel, et de dialogue au sein de l'équipe. Ensuite, viennent la disponibilité du travailleur social et le respect envers l'usager. La participation de l'usager et son implication dans le processus décisionnel de l'établissement, en vue d'établir un projet d'intervention, est un autre facteur très important. Les chercheurs soulignent le souhait des usagers de voir une cellule responsable des relations avec le public, une sorte de « service clientèle », créée au sein du service. Dans le contexte de notre recherche, cette proposition peut sembler caricaturale. Cependant, l'exemple présenté ci-après montre que les idées de coopération avec les usagers, sans juger de leur efficacité, sont plus ou moins avancées selon les pays[33]. Un dispositif, inhabituel dans certains contextes, a été mis en place, notamment aux Pays-Bas : le système de « budgets personnels pour les usagers ». Le rapport du Groupe de spécialistes sur la participation des usagers aux services sociaux (CD-US, 2004) souligne que de tels systèmes engendrent un changement fondamental en matière de financement (et de pouvoir) des services sociaux, en plaçant de l'argent liquide entre les mains des usagers plutôt que de concentrer la totalité du financement dans les services eux-mêmes. Les budgets personnels ont été adoptés pour la première fois aux Pays-Bas en 1996, l'idée de base étant « de réorienter la priorité de l'offre à la demande, de

---

[33] Une mère interviewée lors de la présente recherche a exprimé une idée semblable en ce qui concerne l'organisation du service qui suivait son enfant. Elle le dit de cette manière : « *Il faut réorganiser les services, qu'il y ait un superviseur qui vienne dans ce service, qu'il pose des questions que vous posez, qu'il rencontre les personnes concernées comme moi, comme beaucoup d'autres. J'aurais voulu qu'on me demande ce que je pense et que je parle en tant qu'ex-maman en difficulté de ce que j'ai ressenti. Que tout le monde entende ce que pensent ces personnes en difficulté* ».

laisser aux usagers des services la capacité d'organiser eux-mêmes leur propre prestation sociale ». Suite à des évaluations initiales, le montant du budget personnel est fixé pour chaque personne qui nécessite une assistance à long terme. Elle peut alors acheter les services de soins dont elle a besoin. L'usager a toujours le choix entre les services concrets ou un budget personnel, car ce dernier peut ne pas convenir à tous en raison des exigences de gestion et de la tenue d'une comptabilité. Au début, les usagers ne pouvaient pas payer les prestataires de services directement et les paiements devaient passer par la Banque néerlandaise des assurances sociales. Désormais, les usagers peuvent opter pour ce système ou agir en tant qu'utilisateur normal et réaliser les paiements eux-mêmes. Aux Pays-Bas, le système du budget personnel a été utilisé par 10 419 clients en 1998, contre plus de 60 000 en octobre 2003 (CS-US, 2004).

Le Groupe de spécialistes sur la participation des usagers aux services sociaux, mis en place en novembre 2002 par le Comité Européen pour la Cohésion Sociale (CDCS) du Conseil de l'Europe, avait pour objectif d'établir des lignes directrices[34] en ce qui concerne la figure de l'usager au sein d'établissements sociaux et de les adresser aux pays membres du Conseil de l'Europe. Ce document annonce les principes clés d'une participation effective des usagers dans sa dimension à la fois politique, législative et financière. La notion de lignes directrices implique également celle de « bonnes pratiques ». Selon les auteurs du rapport, pour identifier les bonnes pratiques dans ce domaine, ce que les usagers eux-mêmes affirment être une bonne pratique, d'après leurs expériences et leurs préférences[35] doit être un critère évident. Ainsi, la participation des usagers est vue comme l'un des facteurs qui garantit l'utilité et l'efficacité des services sociaux (l'indicateur

---

[34] Il convient de souligner qu'il s'agit de lignes directrices et non de recommandations officielles, deux notions différentes en matière d'autorité. Les principes directeurs sont destinés à tous les pays membres et tiennent compte du fait que les pays d'Europe ne sont pas au même stade de développement en ce qui concerne leurs systèmes de services sociaux.

[35] Il ne s'agit pas uniquement de questionner la satisfaction de l'aide reçue, mais de savoir comment les usagers se représentent l'efficacité d'un dispositif d'intervention.

de performance du service au Royaume-Uni). Dans cette logique, « il est souhaitable que les usagers soient impliqués très tôt dans le processus d'organisation des services, et c'est aussi ce qu'ils affirment préférer. Ils devraient être intégrés plutôt que marginalisés dans le processus d'élaboration de la politique et d'organisation des services. Les usagers sont critiques à juste titre, lorsque que leur participation se limite à être consultés sur des services déjà organisés et dans lesquels ils n'ont eu aucune occasion d'intervenir » (CS-US, 2004).

À côté des différentes approches évaluatives qui ont été présentées précédemment, Davis (2000, p. 122) en distingue une autre : « l'évaluation plurielle » (ang. *pluralistic evaluation*). En prenant en considération l'existence des multiples perspectives de l'efficacité, ce type d'évaluation permet au service lui-même d'identifier son objectif principal (en tenant compte des caractéristiques du milieu et des besoins du public) et d'apprécier sa réalisation. Dans la visée participative, la désignation de cet objectif, ainsi que sa réalisation, pourraient se faire avec la collaboration des usagers et des autres travailleurs sociaux constituant le réseau professionnel du service.

L'efficacité et l'efficience constituent-elles les mêmes objets ?

Le terme « efficacité » apparat rarement dans le débat en travail social, contrairement au terme « efficience ». Il peut s'agir d'une tendance ayant pour but d'alléger les conséquences sémantiques impliquées par le premier terme. Ceci s'accorderait avec le présupposé énoncé par de nombreux professionnels qui voient dans leur mission une obligation de moyens et non pas de résultats. Ceci peut aussi vouloir dire que le travailleur social, au titre de sa mission, est engagé à mobiliser toutes les ressources possibles pour aider l'usager, même si à la fin de l'intervention, il n'obtient pas des résultats attendus. L'obligation des résultats renvoie, entre autres, à la notion de responsabilité. Dans une relation d'aide, qui est tenu pour responsable des avancées d'une mesure éducative ? Dans la perspective participative, ne serait-il pas plus pertinent de parler en termes de coresponsabilité affirmée par la contractualisation ?

La majeure partie des dictionnaires présentent les termes « efficacité » et « efficience » comme quasi synonymes et la distinction paraît confuse, les deux termes indiquant soit une propriété ou une caractéristique, soit une compétence ou une aptitude. Néanmoins, l'efficience peut s'employer plutôt par rapport à un objet et l'efficacité vis-à-vis d'une personne. L'efficience accentuera un processus, l'efficacité un acte accompli. Cependant, il est nécessaire de ne pas confondre l'efficacité qui indique le rapport entre les objectifs et les résultats obtenus, avec l'efficience qui décrit le rapport entre les résultats obtenus et les ressources utilisées pour les atteindre. « Ainsi, une méthode de travail est efficace si elle permet de réaliser entièrement l'objectif initial et elle est efficiente si un minimum de ressources sont utilisées pour l'atteinte de cet objectif »[36].

Cette distinction s'accorde avec le point de vue de Kotarbinski (2000), le praxéologue polonais, qui tente d'énoncer les principes de l'action efficace dans son ouvrage : *Le Traité du travail efficace* (*Traktat o dobrej robocie*). Il appréhende l'efficacité comme une condition nécessaire mais insuffisante d'une action efficiente. Pour être considérée comme telle, l'action doit atteindre son but (efficacité) en utilisant le moins d'énergie ou de ressources possibles (efficience). Parmi différents principes qui rendent l'action efficace et efficiente, l'auteur évoque « l'immanentisation », une substitution d'action extérieure par une action intérieure, une réflexion notamment. Cela peut vouloir dire que la construction d'une représentation, basée sur les processus cognitifs mis en œuvre, est une forme d'action. Comme le souligne Dumont (2004), l'action possède une dimension bilatérale : le sujet agit sur l'objet mais il est aussi « agi par ». L'effet de son action aura donc un impact à la fois sur l'extérieur et sur lui-même. Le concept de l'action est beaucoup plus développé par la pensée

---

[36] Dans différentes sources bibliographiques, on retrouve des diverses manières de définir l'efficacité et l'efficience, notamment Jullien (1996, p. 48) conçoit l'efficacité comme l'adéquation entre la fin et les moyens employés. Étant liée au processus, la signification de l'efficacité chez Jullien (1996) correspond plus à la définition de l'efficience, employée dans cette recherche.

occidentale, contrairement à la philosophie chinoise. Selon Jullien (1996), cette dernière s'opère beaucoup plus par le terme « transformation ». L'efficacité basée sur la transformation se veut indirecte. Elle n'impose pas l'effet, elle le fait venir. Pour différencier l'efficacité de l'efficience, Jullien (1996) analyse le terme « *effect* » qui est pour lui « la dimension opératoire de l'effet... l'effet en cours ». Dans ce sens, l'efficience indique « la fluidité et la continuité du processus », « elle découle des conditions impliquées », elle s'accorde moins avec l'action (contrairement à l'efficacité) au profit d'un « avènement–accomplissement » d'un processus (p. 163). La pensée de Jullien implique aussi la notion de cause. L'analyse causale dans le cadre de l'AEAD se situe plutôt du côté du processus rétroactif dans lequel l'effet peut rétroagir sur la cause. Ceci peut correspondre également à la pensée de Jullien (1996), lorsqu'il dit que chaque effet provoque un contre–effet[37] et que, si l'on fait advenir l'effet, on ne le provoque pas mais on le laisse venir. Il peut donc être difficile de déterminer la cause unique de cet effet, il est une conséquence naturelle d'un processus dans lequel on n'agit pas pour réussir, mais dans lequel on laisse opérer. Dans cette logique, la compétence apparaît dans le savoir impliquer l'effet, non pas par l'action, mais par la réaction. L'agir, selon Jullien (1996), est hasardeux et demande beaucoup plus d'énergie. En agissant, le sujet est initiateur de l'action. En revanche, en réagissant, il « se fait porter par ce que l'autre a déjà investi d'activité » (p. 124).

Dans cette analyse, il s'agit de distinguer deux types d'efficacité qui pourraient s'appliquer aux mesures éducatives : l'efficacité opératoire et l'efficacité symbolique. Le premier type est défini par *The Social Work Dictionary* de *National Association of Social Workers* (Barker, 2003) comme étant le degré selon lequel les objectifs souhaités ou les résultats attendus sont réalisés. Dans le champ du travail social, l'efficacité est définie comme la capacité d'aider le client à réaliser, dans une période définie, les objectifs d'une intervention spécifique. Ces objectifs peuvent porter sur les compétences socio-éducatives à développer par la

---

[37] La pensée systémique met également en évidence que chaque force provoque la force contraire.

famille, en vue d'accéder à l'autonomie et de construire un « espace familial » dans lequel chaque membre peut trouver sa place. L'efficacité symbolique, quant à elle, est basée sur le processus d'attribution qui permet de doter le travailleur social d'un don « de guérison » d'une maladie socialement instituée. Le phénomène nommé par Lévi-Strauss (1974, p. 205) le « complexe chamanistique » est basé sur le vécu des états psychosomatiques du chaman lui-même, sur le vécu du malade et son adhésion au processus de guérison, ainsi que sur l'approbation collective de cette pratique. Dans l'histoire de guérison évoquée par cet auteur, le public transpose sur le chaman certains attributs qui lui permettent d'entrer dans le rôle désigné (reconnaissance sociale) et d'accomplir l'acte de l'efficacité symbolique. L'aspect symbolique de la relation éducative interagit avec la posture professionnelle qui met en lien les compétences, la personnalité et le rôle institutionnel du travailleur social.

La réflexion sur l'efficacité et l'efficience est associée à la question de la qualité qui fait également l'objet de la loi 2002-2 rénovant l'action sociale et médico-sociale Ces trois notions sont liées, car un jugement qui permet de désigner quelque chose d'efficace permet aussi de lui attribuer sa qualité. La qualité est « un ensemble de caractéristiques d'un bien ou d'un service qui lui confèrent l'aptitude à satisfaire de manière continue les besoins et les attentes des utilisateurs ou des usagers » (*Le Grand dictionnaire terminologique* de l'Office québécois de la langue française) Il s'agit donc de liens étroits entre les notions de qualité et d'usage. Le service de qualité est celui qui répond d'une manière permanente aux besoins de ses usagers. L'évaluation des besoins au niveau territorial se fait dans le cadre des schémas départementaux (art. 2,17, 18, 28 de la loi 2002-2). L'adéquation entre le service proposé et les besoins de la population locale peut être l'un des indicateurs de l'efficacité de l'établissement. Selon Art. 7, paragraphe 3 de la loi 2002-2, une prise en charge et un accompagnement individualisé de qualité favorisent le développement, l'autonomie ou l'insertion de l'usager. Adapté à ses besoins, l'accompagnement de qualité respecte le consentement éclairé de l'usager, lorsque la personne est apte à exprimer sa volonté et à participer à la décision. À défaut, le consentement de son représentant légal doit être recherché (Recueil de législation comparée, 2002). Si l'évaluation vise à déterminer le rapport entre les objectifs annoncés et les résultats de l'activité, elle met aussi en jeu la satisfaction des personnes auxquelles les prestations sont destinées. Le sentiment de satisfaction peut résulter d'une mesure jugée efficace. Pour qu'elle soit jugée comme telle, la représentation de l'efficacité (et toutes ses composantes) doit être mobilisée, voire activée dans ce processus du jugement.

Les compétences en représentation et les compétences en acte

Pour Dubet (2003) la vocation profane se manifeste par la concordance du rôle, du métier et de la personnalité du professionnel. Il s'agit maintenant de développer cette réflexion en la mettant en lien avec la notion de compétence. Comment les compétences se construisent-elles ? Comment sont-elles perçues par les receveurs de l'aide ? Enfin, comment s'articulent-elles avec la notion du changement visé au cours de l'intervention ?

La notion de compétence donne lieu à des définitions diverses. Il semble néanmoins que dans le monde de l'éducation, cette notion renvoie plutôt à un potentiel et à une capacité à agir d'une manière efficace, en utilisant les ressources du milieu, dans un contexte précis. C'est pourquoi, la définition formulée par le Ministère de l'Education du Québec semble plus appropriée au contexte de cette recherche. Dans cette perspective, la compétence se définit comme « un savoir-agir fondé sur la mobilisation et l'utilisation efficace d'un ensemble de ressources » (Terrisse, Larose, Couturier, 2003, p. 19). Les ressources peuvent être internes ou appartenir au milieu de vie. Ceci peut s'inscrire dans une perspective systémique dans laquelle la relation éducative qui se déploie entre parents, enfants, intervenant et milieu, est interdépendante et contextualisée, de même que la compétence, vue comme la mobilisation et l'utilisation des ressources.

Dans le métier relationnel, le rôle, la personnalité et la compétence du professionnel peuvent s'articuler ensemble. La personnalité entre en jeu, car selon Dubet (2003, p. 318), la compétence est une synthèse à la fois pratique et intériorisée de toutes les dimensions qui constituent les expériences des individus. C'est un objet qui implique à la fois un savoir-faire et un savoir-être. Dans le travail social, la personnalité déterminera en partie la capacité du professionnel à établir une relation éducative, jugée efficace. Quant au rôle, il indique une position de l'individu dans l'organisation. Le rôle lui est attribué. Le critère de cette attribution pourrait être la compétence dont la valeur est définie au cours de l'évaluation. L'interdépendance de ces trois éléments, développée par Dubet (2003) fait penser encore une fois à la figure du chaman. En tenant compte de ce qui a été évoqué précédemment à ce sujet, la posture du chaman réunit ces trois éléments dont la cohérence détermine le pouvoir de son être social. Toutefois, quel est le processus d'acquisition des compétences chamaniques ? Lévi-Strauss (1958/1974, pp. 200-205) donne quelques éléments de réponses dans le récit portant sur le chaman nommé Quesalid. Initialement, Quesalid ne croit pas au pouvoir magique du chaman. Cependant, par curiosité, il souhaite connaître et démasquer ce monde de la magie. Puis, en fréquentant d'autres chamans, il est introduit dans le groupe et initié. Par la suite, il a accès à des techniques pour simuler des crises nerveuses, les évanouissements, les chants magiques et utiliser les « rêveurs » (les espions qui écoutent les conversations privées, pour ensuite apporter secrètement au chaman les informations sur l'origine et le symptôme de la maladie). Lors d'une visite dans une tribu voisine, Quesalid s'aperçoit de la différence entre ses techniques et celles utilisées pendant la cure de cette tribu. Dès lors que la technique employée par le chaman local s'avère inefficace, il essaie sa méthode qui consiste à cracher un peu de salive pour capturer le mal. La technique de Quesalid, basée sur la matérialisation du mal sous forme d'un ver, est jugée efficace (le patient a déclaré être guéri). Quesalid en conclut que la technique du chaman local est encore plus fausse et malhonnête que la sienne. Dorénavant, Quesalid est considéré comme un grand chaman, tandis que l'autre quitte le village, rongé par une folie mortelle. Quesalid, dans l'exercice de sa profession, s'est donné l'objectif de démasquer les chamans-imposteurs. « Une fois seulement ai-je vu un chaman qui traitait les malades par succion ; et je n'ai jamais pu découvrir s'il était un vrai chaman ou un simulateur. Pour cette raison seulement, je crois qu'il était un chaman : il ne permettait pas à ceux qu'il avait guéris de le payer ». (Lévi-Strauss, 1958/1974, p. 204). La force de l'efficacité symbolique se trouve dans le consensus des représentations communes. Toutefois, les systèmes de croyances de ces deux tribus n'étaient pas les mêmes. Comment pouvons-nous donc interpréter l'efficacité de Quesalid ? Selon quel système de référence jugerons-nous de son efficacité chamanique ? Il s'agit d'abord d'un degré d'authenticité dans le processus de simulation et de la motivation qui était à la base de l'acte efficace[38]. Le fait que les malades ne perçoivent pas chez le chaman le désir d'un enrichissement matériel peut être le signe de la véracité de son acte. La nouvelle technique de Quesalid peut également répondre aux attentes des patients et le changement du système des représentations peut débuter. On peut penser que « les compétences en représentation » ont montré leur force face aux « compétences en acte », basées sur la simulation dans ce cas précis. Toutefois, ces deux sortes de compétences devraient être vues comme un ensemble. Selon Hell (2002), le chaman devrait être en mesure de transformer un discours mythique en une opération concrète, « spécifiquement adaptée à l'infortune d'un patient » (p. 200). La simulation dont parle Lévi-Strauss (1958/1974) est alors une visualisation du discours relevant du sacré et non pas une opération en soi. Cette dernière peut être considérée comme malhonnête à partir du moment où elle perd ses attaches avec le sacré.

Barcenilla & Tijus (1998, p. 33) montrent les liens entre ce que nous appelons une « compétence en représentation » et une « compétence en acte ». Les représentations que les professionnels se font de leur situation de travail guident à la fois leurs actions et constituent le résultat de cette activité professionnelle. Ces représentations sont dynamiques et évoluent au cours de l'interaction du sujet avec son environnement. Elles sont aussi instables. Dans la psychologie cognitive, la représentation est rattachée à la question du traitement d'information. L'accent est mis sur la représentation vue comme un « processus lié au traitement et à l'appropriation de l'information, tant celle que

---

[38] Ces deux éléments construisent également l'image positive des travailleurs sociaux du point de vue des parents.

l'individu extrait de son environnement que celle qu'il extrait de son propre comportement » (Denis, 1989, p. 34). Toute représentation a un destinateur et contient une composante référentielle. C'est pourquoi, le consensus autour des représentations communes constitue un enjeu important pour les acteurs de la relation d'aide. Ce consensus fait l'objet du contrat de communication établi par la famille et le service. Le contrat de communication contextualise l'acte de langage et le rend dépendant d'un ensemble de conditions, qui surdétermine en partie, aussi bien le processus de production que celui d'interprétation. Les sujets, en fonction de leur compétence psycho-socio-langagière (Bromberg, 2004b, p. 104), pourront reconnaître le savoir qui est en jeu, le pouvoir qui s'instaure entre eux et se comporter d'une manière appropriée. Le résultat de l'échange est la production de sens correspondant à l'enjeu du contrat, à l'enjeu personnel du sujet communiquant et du sujet interprétant (Charaudeau, 2004 p. 118-199). Le sens qui en découle facilitera l'action entreprise par les acteurs.

Les compétences font l'objet de représentations. Avant de rencontrer un acteur social, nous possédons certains préconstruits à son sujet, par rapport à son rôle et son statut. Cela conditionne aussi la justesse de notre demande envers lui. Il se peut également que ces préconstruits ne répondent pas ou peu aux réelles missions du professionnel et que nous lui attribuions des compétences qui pourraient répondre à notre demande. Dans le cadre de l'aide éducative, l'offre du service et la demande de l'usager peuvent être négociées dans le cadre du contrat de communication. La réalisation de ce contrat met en jeu le processus d'attribution qui peut être aussi étudié comme un phénomène linguistique. Le langage est porteur de traces des systèmes de représentations des locuteurs et des opérations cognitives sous-tendues par l'activité discursive des sujets. Selon Bromberg, dans la compréhension de son rapport au monde et dans la mise en langage de cette compréhension, le sujet active des structures de connaissance à partir desquelles il élabore des inférences qui lui permettent de faire le lien entre l'intention et l'acte posé par autrui. Ces activités d'inférence permettent aussi à l'individu de construire un modèle de situation analogue aux expériences vécues. À partir de cette construction, l'acteur social comprend, interprète, construit du sens et la réalité sociale. Il élabore un modèle de situation associé à son énoncé. Il le contextualise. Il agit aussi sur la représentation de sa classe conceptuelle d'appartenance en la qualifiant soit d'action, d'activité, d'événement, de processus ou d'état (Bromberg, 2004a, p. 32). L'accompagnement socio-éducatif vise le développement des compétences (le développement des compétences est un changement) nécessaire au fonctionnement autonome de la cellule familiale (l'autonomie constitue ici une finalité). L'autonomie dont il est question peut être interprétée comme une réciprocité positive dans des relations établies entre les membres de la famille, et entre elle et le milieu.

Les compétences en actes sont celles que les acteurs mettent en œuvre pour accomplir une tâche. Ce sont aussi celles dont le développement constitue l'objectif d'un accompagnement socio-éducatif. On peut penser que la notion de difficulté exclut la notion de compétence, car si la difficulté existe, la compétence n'existe pas ou n'est pas développée. Néanmoins, cette idée semble assez réductrice, car les champs des compétences et des difficultés ne se recouvrent pas forcément chez un individu. « Accompagner » signifie être à côté de quelqu'un, c'est une relation symétrique et horizontale aussi bien du point de vue de la position des acteurs que de leur savoir[39]. L'accompagnement vise toujours un objectif (accompagner pour accomplir quelque chose) et contient une directionnalité (aller ensemble quelque part). C'est pourquoi, pour Paul (2003, p. 59), l'idée de l'accompagnement inclut autant celle de stabilité que celle du déplacement. Selon elle, l'accompagnement est inscrit dans une tension dialectique entre stabilité et mouvement, donc entre le changement et la permanence. Quand on parle de mouvement et de changement, il

---

[39] Certains travailleurs sociaux soulignent que, de la même manière qu'ils possèdent un savoir professionnel, les parents disposent d'un savoir parental. Comment valorise-t-on ces deux genres de connaissances ? De la même façon que le savoir professionnel est légitimé par l'obtention du diplôme, le savoir parental est valorisé par l'autorité parentale et son exercice. La valorisation du savoir parental par le professionnel reflète les valeurs qui animent la société démocratique basée sur la reconnaissance de l'Autre.

est impossible de ne pas mentionner la pensée d'Aristote à ce sujet. La distinction majeure entre les deux concepts se rattache fondamentalement « au caractère essentiellement perceptuel du mouvement et au caractère non immédiatement perceptuel du changement. C'est le mouvement (*kinesis*) que l'on observe mais c'est le changement (*metabole*) qui compte » (Gagné, 2003). Ceci signifie également que le changement a besoin du mouvement mais pas l'inverse. Au sein de *kinesis* et de *metabole*, le *kairos* est le troisième concept qui prend du sens dans cette analyse. C'est l'occasion, le temps propice à l'intervention et l'art de toucher juste chez Hippocrate (Paul 2003 ; Jullien, 1996). Saisir *kairos*, c'est maîtriser le chaos et le hasard, c'est aussi trouver quelqu'un et se trouve lui-même dans la disposition d'agir. Le terme « occasion » est tout à fait lié à l'action efficace ou à la transformation efficace[40]. Chez les Grecs, le *kairos* est lié au temps, c'est la coïncidence de l'action et du temps (une rencontre unique). Par contre, dans la perspective de transformation, l'occasion n'est plus une coïncidence, elle est « le fruit d'une évolution qu'il faut prendre à son départ, dès qu'elle apparaît » (un résultat) (Jullien, 1996, p. 87). La question centrale est donc : comment peut-on prévoir le moment propice ? Tandis que les Grecs ont rationalisé l'occasion par les calculs d'une probabilité « la plus véridique », les Chinois tentent de détecter (« éclairer ce qui "va venir" en fonction de ce qui "vient d'arriver" » ; Julien, 1996 p. 96) les moindres tendances qui déjà secrètement orientent « le cours ininterrompu des choses » (Jullien, 1996 p. 91). Ces deux postures renvoient à deux visions différentes de l'évaluation, considérée soit comme une mesure, soit comme une appréciation, une lecture attentive de la réalité.

L'efficacité des mesures éducatives se traduit pour les parents par les compétences qu'ils perçoivent chez les intervenants. Elle est jugée « bonne » si les compétences des professionnels aident les usagers à dépasser leurs difficultés. Ces compétences construisent l'autorité de l'intervenant à qui dorénavant sera offerte

---

[40] Jullien (1996) souligne que dans la philosophie grecque l'accent mis sur l'action est, dans la philosophie chinoise, mis sur la transformation. Ces deux points de départ créent deux différentes conceptions de l'efficacité.

la place d'expert possédant un savoir nécessaire pour mettre en place des changements. Pour les parents rencontrés, le travailleur social est tout d'abord celui qui connaît les enfants. Il est plutôt identifié par son professionnalisme et ses compétences. Ces dernières se manifestent entre autres par la non désignation du parent comme celui qui « a un problème » ou « qui est le problème »[41]. Si cet élément est souligné par les parents, c'est parce que le travailleur social possède le pouvoir de nommer. Il représente l'institution et, selon Bourdieu (1982), peut « poser l'acte d'institution », c'est-à-dire signifier à quelqu'un son identité en lui notifiant « avec autorité ce qu'il est et ce qu'il a à être » (p. 126). Le travailleur social possède le pouvoir d'instituer, de donner une définition sociale, de dire à quelqu'un ce qu'il est et comment il doit se conduire en conséquence. « *L'assistante sociale qui m'a suivie, on lui avait expliqué que moi avant j'ai fait ça, j'ai fait ça, mais comme elle avait l'habitude de travailler dans la toxicomanie et tout, elle avait déjà un acquis, donc elle n'avait pas peur de venir ou de parler de ça. Plutôt au contraire elle disait : c'est bien je vois quelqu'un qui s'en sort. Et comme je vous le dis, elle m'a donné la pêche, il faut tenir le coup, c'est bien. Il n'y a pas beaucoup qui le font, mais il faut y aller* », exprime l'un des pères interviewés. Ces propos montrent comment, en agissant sur le réel, on agit sur la représentation du réel. Ce père aurait-il eu envie de dépasser ses pratiques addictives si le travailleur social considérait tous les toxicomanes comme « les cas désespérés » ? En agissant sur l'image que l'individu a de lui-même, on agit également sur son comportement, car les actes qu'il pose auront tendance à s'accorder avec l'image de soi. Dans se sens aussi, la désignation peut conduire à la disqualification sociale et à la marginalisation. Ce sont des formes de la violence symbolique. Le pouvoir d'agir symbolique, à la base de l'efficacité symbolique, peut être perverti. L'efficacité symbolique qui, selon Bourdieu (1982), est aussi l'efficacité sociale, transforme la personne en transformant les regards que les autres portent sur elle. Elle peut

---

[41] La logique extériorisante de la cure chamanique permet également de déculpabiliser la personne souffrante, en situant l'origine du symptôme hors de la personne et dans le monde des esprits (Hell, 2002, p. 347).

donc également être à la base de la violence sociale, subie par l'usager qui refusera ou acceptera « l'étiquette identitaire » que l'institution lui attribue. De cette manière, l'efficacité symbolique peut se transformer en violence symbolique. Selon Bourdieu (1982), nommer, donc attribuer une essence sociale, veut dire instituer une identité sociale (p. 126). Selon l'une des mères, ce sont les principes ontologiques du professionnel qui font la différence. « *Ils ne se sont jamais permis de juger quoi que ce soit. On pouvait être la pire criminelle, si je peux dire, ils ne se permettaient pas de juger.Même la pire criminelle a toujours un bon côté. Ils savaient juger avec les yeux et un cœur neutre. Chose que nous, parents ne pouvons pas faire* ». Le fait que le travailleur social ne désigne pas l'usager comme déviant participe fortement à la construction d'une relation de protection. Le travailleur social protège parce qu'il ne permet pas à l'usager de « perdre la face », de perdre sa dignité sociale. Les représentations et la reconnaissance réciproque sont mises en jeu dans une relation d'aide et permettent d'accepter la légitimité des actions menées. La méfiance établira un cadre insécurisant qui n'encouragera pas des changements et favorisera le jeu relationnel du « faire semblant ». L'une des mères souligne la confiance que le travailleur social avait en elle, ce qui lui a permis de croire en ses compétences parentales. « *Oui, ça m'a beaucoup aidée, ils m'ont donné la confiance en moi. Et c'est rassurant de savoir que je ne ferai pas, que je ne taperai pas mes enfants. C'était une période où j'étais enfermée dans mon lit, je ne bougeais pas. Maintenant, je m'occupe de mes enfants, je m'occupe de les habiller* ».

Le fait de pouvoir habiller ses enfants, constitue, pour cet usager, l'acte de protection envers eux. La confiance constitue la base du sentiment de sécurité. Ces sentiments de sécurité ou d'insécurité peuvent être transposés sur le professionnel. Chatenoud (2004) a montré que le rapport à l'éducateur relève de la fonction de protection et d'aide au parent. Dans le même ordre d'idée, des parents estiment que le travailleur social est efficace à partir du moment où il protège et organise un espace où les sujets douloureux peuvent être exprimés facilement. Le professionnel est situé à l'intérieur de l'espace familial. La protection qu'il fournit s'établit donc vis-à-vis de l'extérieur qui semble menaçant ou qui ne n'offre pas de soutiens appropriés.

La relation entre le signifiant et le signifié est intégrée dans la relation d'aide. Il est question d'agir sur le réel, en agissant sur la représentation du réel. Pour Bourdieu (1982), on construit le monde en le nommant. La souffrance, pour être apprivoisée, doit être nommée, exposée à l'Autre, reformulée par lui et comprise par le souffrant. « Grâce à l'éducatrice j'ai vu beaucoup plus clair en moi », dit une mère. Cette phrase témoigne de l'effet miroir qui est à la base de l'efficacité symbolique. Alors que le chaman voit l'invisible, l'éducateur est censé savoir ce qui se passe à l'intérieur de l'usager. L'effet miroir est un phénomène social, il fait partie de l'efficacité sociale et participe à la construction des rapports sociaux. L'éducateur qui est censé savoir ce qui se passe chez l'usager, est également supposé agir en conséquence, en lui proposant une réponse adaptée, un système de représentations qui lui permet de changer son attitude envers l'extérieur. Une autre mère situe l'aide efficace dans cette logique : « *Quand on ressent ce que la personne a besoin, c'est ça l'aide efficace. Ça veut dire que je ne vous ai que parlé, je vous ai poussé à agir* ». La présence n'est pas passive, le travailleur social efficace, c'est celui qui stimule, encourage et agit. Il s'agirait selon Thouvenot (1998) de deux rôles exercés par les travailleurs sociaux : le premier, à dominante active, consiste à fournir à autrui un système de représentations permettant de réinterpréter la situation et d'agir en conséquence. Le deuxième est à dominante passive et réceptive. L'insuffisance d'un de ces rôles peut provoquer la rupture du contrat d'aide. « *Ça fait un an que je fais toute seule les démarches, ce que j'attendais d'eux depuis trois ans... Mais je sais qu'avec elles il y avait toujours un blocage, il y a un mot que je déteste prononcer c'est "je ne peux pas", "je ne sais pas", "ce n'est pas possible", et les enfants ça les gavait* ». *Ces mots laissent une barrière tout de suite, je ne pouvais pas avancer... C'est dans ce sens-là que j'étais vraiment insatisfaite. À la fin, c'étaient les conflits, plus de conversations. Pour elles, j'ai arrêté la mesure trop tôt... Elles venaient une fois par mois, une d'elles prenait des notes. Un mois après, elles ne se souvenaient presque plus de ce qui était dit la fois précédente. Donc il fallait rediscuter. On a parlé pendant 30 minutes de ce qui était dit avant. À la fin, je ne pouvais plus les supporter... Au travail, on m'appelle, on me dit : il faut venir à l'école tout de suite. À l'arrivée, j'ai vu hélicoptère, je pensais que mon fils s'est encore une fois battu. Et en fait, c'est lui qui était dans cet hélicoptère. Il était de 4h30 jusqu'à minuit au bloc opératoire. Après la réanimation, tout ça pour qu'on me dise après qu'il y a pire que moi ».*

Le travailleur social qui encourage le pouvoir d'agir de l'usager, qui lui montre comment tirer profit du processus déjà engagé, comment s'appuyer sur les facteurs environnementaux, est considéré efficace par les parents. Cependant, ces compétences doivent apparaître à travers une simplicité relationnelle. C'est une autre compétence dont les parents parlent. Ils pensent que la relation d'aide est d'abord une relation humaine entre deux personnes. La relation d'aide se négocie, et pour certains parents, la capacité du travailleur social à négocier est une qualité appréciée. La négociation est vue ici comme l'échange des arguments, des positionnements, fondé sur le dialogue et la prise en compte du point de vue de l'usager. Ces points de vue confirment l'idée que les rapports de domination symbolique se jouent à travers des pratiques discursives. Elle a lieu quand on essaie d'imposer la définition du réel, des perceptions du monde et des représentations socialement légitimes.

Les entretiens réalisés montrent que les compétences attribuées par les parents au travailleur social référent se transposent sur l'efficacité de l'aide. Les parents apprécient la mesure éducative dans la mesure où ils trouvent la relation avec les travailleurs sociaux positive. Les chercheurs américains de *National Survey of Child and Adolescent Well-Being* (NASCAW) montrent que lorsque les usagers décrivent les bonnes relations d'aide, ils évoquent plutôt les sentiments que les intervenants ont révélés chez eux. Cela peut expliquer le fait que nos interviewés identifient les travailleurs sociaux à leurs sœurs, amis et autres personnes affectivement proches. Les relations entre les usagers et les intervenants et la satisfaction qui en découle constituent les facteurs significatifs de l'efficacité de l'aide. La recherche de Chapman & al. (2003) de NASCAW explicite les facteurs, liés à l'institution et à l'intervenant, qui rendent les relations négatives.

Les facteurs les plus significatifs sont les suivants : le changement du travailleur social durant l'intervention (deux intervenants ou plus), la fréquence entre les visites à domicile ou entre les entretiens, la discordance entre l'aide offerte et les besoins perçus, l'insuffisance des propositions d'aide offertes et les qualités des relations avec les intervenants. Quant aux relations positives, « la coopérativité »[42] des intervenants est la caractéristique la plus appréciée par les usagers.

Chez les travailleurs sociaux, on retrouve deux catégories de discours correspondant aux deux niveaux d'analyse de l'efficacité : opératoire et symbolique. Au premier niveau, l'efficacité apparaît comme une notion relative, dépendante de la position de l'acteur qui s'exprime par la question : « l'efficacité pour qui ? ». Aux yeux des travailleurs sociaux, l'institution, qui finance l'intervention, souhaite établir une efficacité qui résulte d'une évaluation quantitative ayant pour objectif d'évaluer la rentabilité du dispositif[43]. Par contre, pour les travailleurs sociaux eux-mêmes, l'efficacité évoque les objectifs de l'intervention et non les résultats. En conséquence, il existe une incompatibilité entre le sens que les travailleurs sociaux attribuent à l'efficacité de l'aide et l'efficacité qui, selon eux, est exigée par les financeurs des interventions. Dans cette logique, les travailleurs sociaux perçoivent l'efficacité comme l'un des composants du processus normatif. « *Ce sont les critères de l'ASE et de mon chef de service... Oui, même si moi je ne suis pas absolument convaincue de ça. Mais, on doit remplir les petites cases et il ne faut pas pleurer. En même temps, si la mesure n'a pas été efficace selon les cirières à remplir, je ne peux pas dire que mon travail n'a pas été efficace ou efficient. Même si je m'interroge comment je fais et pourquoi je n'arrive pas. Qu'est-ce que l'efficacité d'une mesure ? Ça dépend quel objectif on se donne et quels moyens et quel est*

---

[42] En ne voulant pas partager la signification du terme « coopération » qui est, entre autres, connoté à la politique économique d'un pays industrialisé qui aide un autre pays en voie de développement, nous choisissons la notion de coopérativité, construite à partir de l'adjectif « coopératif (ive) » indiquant une personne qui participe volontiers à une action commune.
[43] À ce niveau du discours, les travailleurs sociaux identifient l'évaluation au contrôle.

l'intérêt de cette mesure ? L'intérêt, c'est la protection de l'enfance, c'est l'enfant... On est bien dans la norme, l'efficacité, c'est faire entrer une famille dans une norme. Mais, ce n'est pas comme ça que je fais mon travail et c'est pour ça, j'ai vraiment du mal à répondre à la question. L'efficacité d'une mesure éducative ne peut être définie que du point de vue du payeur. Eh oui ! J'ai des choses à remplir et j'ai des choses à justifier et je le fais ».

L'efficacité opératoire est associée par les professionnels aux enjeux institutionnels existant autour de cette notion : le contrôle des dépenses (donc indirectement l'évaluation en vue du contrôle) et l'obligation de résultats. Le deuxième type de discours indique le volet symbolique présent dans les pratiques. À ce niveau, l'efficacité correspond à la capacité d'induire le changement. Ce changement est davantage situé à l'intérieur de la famille que dans son espace social. L'efficacité se définira donc en fonction de l'échec possible et elle indiquera le pouvoir de changer, ce que ce professionnel exprime ainsi : « *L'efficacité, c'est la capacité de pouvoir changer, parce que, s'il y a une demande d'aide c'est qu'il y a un blocage au sein de la famille, quelque chose qui ne va pas. Pour que ça aille mieux, il faut que ça change. On demande si la famille est en capacité de changer, ce qu'on dit souvent aux familles... nous on n'a pas de baguette magique, on ne fera pas à votre place, nous on est là pour vous aider à trouver des solutions, mais on n'a pas de solutions* ». La capacité à changer, n'est-elle pas celle de pouvoir modéliser ? La modélisation, selon Jullien (2005), implique un procédé très précis : « pour être efficace, je construis un modèle, idéal, dont je fais un plan et que je pose un but ; puis je me mets à agir d'après ce plan, en fonction de ce but » (pp. 15-16). Si l'on accepte un tel schéma de pensée, d'autres questions s'interposent. D'abord, quelle est la norme que l'on pourrait appliquer aux pratiques de l'éducation spécialisée ? Est-elle unique ? Ce sujet a déjà fait l'objet de réflexion dans les chapitres précédents. Néanmoins, il s'agit d'affirmer que la modélisation est difficilement applicable aux réalités des pratiques en travail social. Il sera peut-être plus opérationnel d'analyser la capacité à changer dans sa dimension symbolique. Elle implique aussi bien l'efficacité que l'échec. Sur le plan symbolique, l'échec signifiera la non maîtrise du désordre.

L'efficacité du chaman découle de certains traits de sa personnalité qui lui permettent de négocier avec les esprits[44]. La non implication de la nature humaine du chaman à la cure signifie que lui-même ne détient pas une vérité universelle. L'efficacité, c'est aussi la capacité à satisfaire les besoins de la famille en l'accompagnant dans le progrès. Le nouveau « code » d'interprétation du monde que le travailleur social peut construire avec l'usager, permet à ce dernier de voir autrement les relations à l'intérieur et à l'extérieur de sa famille. *« Pour moi une aide efficace, c'est quand on a réussi à faire en sorte que chaque membre de la famille se détache un peu du regard qu'il a de l'autre. Voir un peu les choses autrement, savoir se déplacer pour voir d'une autre position. L'effort de se déplacer un peu, de regarder un peu autrement »*. « Voir autrement » signifie percevoir quelque chose qui n'était pas visible auparavant. Dans des « sociétés à univers multiples »[45], dans lesquels le phénomène chamanique prend ses racines, il s'agit de créer des interfaces entre les univers, plus particulièrement entre le monde des esprits et celui des hommes. Pour conserver l'équilibre entre les univers, chaque problème doit aussi être résolu dans l'univers des esprits. Les liens ainsi créés participent à la compréhension de la réalité. Le désordre (ce qui reste hors de la compréhension) est intégré dans l'ordre. Pour que l'ordre conserve sa stabilité, le chaman passe du symptôme à l'intentionnalité invisible, de l'invisible à la cause et de la cause à l'action. Il restitue le malade au groupe de malades. Le diagnostic dans des *« sociétés à l'univers unique »*[46] relève du passage du symptôme à la personne, de la personne à la structure, de la structure à la cause, de la cause au traitement. Le diagnostic oriente le patient vers le groupe de médecins et non pas vers son lieu d'appartenance qui est porteur de la force symbolique (Stengers & Nathan, 2004).

---

[44] Ce constat indique aussi la rupture qui a eu lieu entre le monde « enchanté » et « désenchanté », selon Weber. (1996, p. 252). Avec l'institutionnalisation de la religion chrétienne, il a eu lieu « la séparation du charisme d'avec la personne et son rattachement à l'institution, et particulièrement à la fonction ».
[45] L'expression est empruntée à Stengers & Nathan (2004).
[46] L'expression est empruntée à Stengers & Nathan (2004).

Dans le processus de rationalisation du réel, une part irrationnelle est imbriquée. Dans le champ du travail social, cette partie irrationnelle appartient à « la magie de la relation » et à l'aspect symbolique des pratiques. Dans cette approche, et en lien avec la figure du chaman, les actes posés par le travailleur social et sa personnalité sont vus comme des parties d'une unité causale. Il s'agit de la connaissance « naïve » qui est une connaissance évaluative et implicite. Dans cette logique, l'aide reçue est jugée efficace dans la mesure où le travailleur social est perçu comme compétent. Ce dernier peut être perçu comme tel, si la mesure a été jugée efficace et si les changements attendus par la famille ont été instaurés. Donc, même si pour les parents, le travailleur social constitue cette « entité causatrice » par rapport au résultat final de l'intervention, il existe une relation circulaire et rétroactive entre l'efficacité perçue de la mesure éducative et les compétences perçues chez les travailleurs sociaux.

Le fait de percevoir le travailleur social comme compétent peut influencer, en partie, l'attitude et la stratégie de travail que l'usager adoptera vis-à-vis de lui. En partie, car le contexte de cette intervention et le cadre institutionnel semblent également jouer un rôle important. Si, selon les travailleurs sociaux, l'attitude de l'usager peut déterminer les changements instaurés durant l'intervention et la réalisation des objectifs, donc l'efficacité opératoire, les compétences perçues chez les intervenants l'influenceront aussi indirectement. De cette manière, les compétences perçues rendent possible le développement des compétences, posées comme les objectifs du travail avec la famille.

L'efficacité opératoire, déterminée par les techniques et le savoir professionnels, a besoin d'une relation significative, appartenant au domaine de l'efficacité symbolique. Les techniques de travail soutiennent l'efficacité symbolique en valorisant l'intervenant dans le regard de l'usager, et participent à la construction de son autorité. Ces deux types d'efficacité se renforcent mutuellement dans une relation circulaire. Toutefois, compte tenu du fait que la relation entre le signifiant et le signifié est intégrée dans la relation d'aide et qu'il est question d'agir sur le réel, en agissant sur la représentation du réel, l'efficacité symbolique peut comporter en elle-même un danger éthique. Le pouvoir d'agir symbolique peut être perverti. L'efficacité symbolique qui, selon Bourdieu (1982), est aussi l'efficacité sociale, transforme la personne en transformant les regards que les autres portent sur elle. Elle peut donc également être à la base de la violence sociale subie par l'usager qui refusera ou acceptera une « étiquette identitaire » qui lui est attribuée par l'institution. De même, si, pour l'usager, l'intervention n'est pas porteuse de sens, elle peut être vécue comme une forme d'intrusion et de violence symbolique.

Conclusion

La concordance à propos d'une représentation commune semble constituer l'enjeu de la relation entre l'intervenant et l'usager et ceci semble influencer le déroulement de la mesure éducative. La réalité est construite dans l'interaction entre deux sujets, par leur accord à propos des représentations, et ceci est également l'une des conditions qui rendra possible l'acte de l'efficacité symbolique.

La différenciation entre la compétence en représentation et la compétence en acte correspond à la distinction entre l'efficacité opératoire et l'efficacité symbolique. La compétence en représentation est principalement celle que nous attribuons à l'autre et celle qui fait partie de l'image de soi d'un individu. Quant à la compétence en acte, elle est mise en œuvre dans des pratiques et constitue l'objet du projet éducatif établi avec l'usager. La question ne semble pas être simple quand il s'agit d'associer ces deux notions à l'évaluation des pratiques. La compétence en acte peut être plus facilement incluse dans un référentiel des compétences. Car comment peut-on référencer les compétences « représentationnelles » ? Il est possible que cette dimension appartienne à « la magie » de la relation, difficilement explicable et insaisissable par un processus technique d'évaluation.

Pour les parents, l'efficacité des mesures éducatives se traduit par les compétences des intervenants. Ces compétences perçues et attribuées aux professionnels entrent dans le troisième

item qui construit les représentations de l'efficacité[47] (la relation avec le service) et sont liées au concept de l'efficacité symbolique. Pour les parents, l'efficacité des travailleurs sociaux s'exprime par les termes qui sont les suivants :
• le savoir sur le développement des enfants : le travailleur social efficace c'est celui qui connaît les enfants ;
• la connaissance de la nature humaine : le travailleur social efficace est censé savoir ce qui se passe chez l'usager ;
• le manque de désignation du parent en tant que déviant : le travailleur social efficace c'est celui qui ne désigne pas ;
• la protection : le travailleur social efficace c'est celui qui protège et qui fait confiance à l'usager ;
• l'écoute : le travailleur social efficace c'est celui qui reformule la souffrance ;
• l'encouragement à l'action : le travailleur social efficace c'est celui qui stimule, encourage et agit ;
• la simplicité relationnelle : le travailleur social est efficace en étant humain avant d'être professionnel,
• la négociation : le travailleur social efficace c'est celui qui « fait avec l'usager ».

Les parents interviewés accordent autant d'importance à la personnalité de l'intervenant qu'au contexte institutionnel de l'aide. Si l'on considère que la relation entre le travailleur social et l'usager est une situation d'influence sociale, donc une situation dans laquelle un individu exerce une pression pour modifier les opinions et les conduites d'autrui, les compétences « représentationnelles » positives constitueront les résultats d'une influence positive. Ces compétences sont attribuées dans une relation d'aide qui est plus ou moins contractualisée. Si l'on suit la logique énoncée par Desrumaux-Zagrodnicki (1998, p. 39), l'une des conditions du processus de l'attribution est la liberté et la non contrainte de l'acteur qui opère cette attribution. De même, les

---

[47] Les représentations de l'efficacité se composent, entre autres, des perceptions qui sont les suivantes : des difficultés perçues menant à la mesure, des changements dus à la mesure ou apparus durant celle-ci, de la relation avec les services (y compris les professionnels), de la trajectoire institutionnelle de l'usager.

parents qui jugent les travailleurs sociaux efficaces ne soulignent pas la contrainte vis-à-vis de l'aide reçue.

Sur le premier niveau du discours des professionnels, l'efficacité apparaît comme une notion relative, qui dépend de la place de l'acteur. Pour l'institution qui finance l'intervention, l'efficacité résulte d'une évaluation quantitative ayant pour objectif d'évaluer la rentabilité du dispositif, étant associée à l'obligation des résultats. Inversement, pour les travailleurs sociaux eux-mêmes, l'efficacité évoque les objectifs de l'intervention et non pas les résultats. En conséquence, il existe une incompatibilité entre le sens que les travailleurs sociaux portent eux-mêmes sur l'efficacité de l'aide et celui qu'ils attribuent aux acteurs institutionnels qui les missionnent. Dans cette logique l'efficacité implique un processus d'ordre normatif. Ce type de discours peut constituer une forme de résistance vis-à-vis du terme « efficacité » qui ne semble pas assez enraciné dans les pratiques professionnelles. La transition entre l'efficacité opératoire et symbolique était beaucoup plus présente au sein du premier service, contrairement au deuxième, dans lequel le terme « efficacité » semblait faire partie de son vocabulaire technique. Les travailleurs sociaux de ce service ont associé l'efficacité de l'intervention au pouvoir de changer, donc à l'aspect symbolique de leurs pratiques. Les postures professionnelles adoptées, l'adhésion des usagers aux projets éducatifs et le travail en réseau favorisent, pour ne pas dire déterminent, selon les travailleurs sociaux, l'efficacité des mesures éducatives.

L'efficacité, l'efficience et la qualité peuvent constituer des quasi-valeurs, dont l'aboutissement est affirmé ou infirmé au cours de l'évaluation. Appliquée au travail social par la loi 2002-2, l'évaluation se préoccupe également de la place de l'usager au sein du dispositif d'aide. Dans ce contexte, il ne suffit pas d'accueillir la parole de l'usager, il s'agit également de lui attribuer un statut et de savoir mettre à profit son propos. Le sens de l'implication des usagers dans l'organisation du service a été vu dans la perspective participative. Ainsi, une utilisation appropriée de la parole d'usager peut aider à structurer un service et, par là, constituer l'une des conditions de son efficacité.

Présentation des parents interviewés

Madame A a deux enfants : une fille et un garçon, âgés de 12 et 14 ans qui ont vécu en France depuis leur naissance. Les enfants ont été scolarisés en milieu ordinaire. Aucun retard scolaire ni aucune difficulté dans l'apprentissage n'ont été signalés dans les écrits professionnels. Cependant, les symptômes de boulimie et des difficultés de socialisation ont été remarqués chez le garçon. Ce dernier a eu un réseau de relations constitué de différentes structures d'aide. Quant à la fille, elle a eu recours aux structures sportives et culturelles. L'autorité parentale et la garde des enfants étaient exercées par les deux parents. Le père, âgé de 39 ans au début de la mesure, est de nationalité française et sans emploi. Par ailleurs, nous savons que le père a été incarcéré. Malheureusement, son décès survient. Avant sa mort, il manifestait des troubles de comportement dus à des conduites addictives. La mère, âgée de 40 ans, d'origine marocaine, a exercé la profession d'aide cuisinière à temps partiel. Rien ne figure dans les écrits concernant sa santé psychique. Cependant elle témoigne avoir eu une dépression après le décès de son mari. La famille est locataire d'un appartement de trois pièces sans confort. Le revenu de la famille, constitué par le salaire de la mère et des différentes prestations familiales, ne semble pas suffisant ; l'endettement a été signalé. Madame a été orientée vers le service de l'AEAD par l'assistant social de son quartier. La mesure éducative a duré 16 mois. Elle a pris fin à la demande de l'usager sans être objet d'un signalement judiciaire. Des éléments de danger ont été précisés dans le signalement : il s'agit de carences éducatives, d'une discontinuité significative dans l'accompagnement éducatif et de violence conjugale au sein du foyer. Les indicateurs de danger ont ensuite été confirmés et d'autres difficultés ont été révélées durant l'AEAD. Une aide financière a été sollicitée. Les besoins familiaux concernent la sécurité psychique, les relations affectives et les échanges sociaux de ses membres. C'est pourquoi l'intervention est jugée à dominante sociale et psychologique. Ses axes supposent l'adhésion du parent au projet d'aide éducative, la reconnaissance des difficultés rencontrées et les capacités de changement aussi bien des enfants que des parents. Il est question de développer les compétences de la famille autour de la vie sociale et affective, de la socialisation d'un des enfants, du rapport au corps et à la santé. L'environnement social fut un facteur stimulant les capacités de l'usager.

Madame B, âgée de 49 ans, de nationalité française, est mère de 2 garçons : l'un âgé de 16 ans et l'autre de 14 ans. Les deux enfants ont été suivis en AEAD. Madame a divorcé suite à la violence conjugale dont elle était victime. Madame B exerce une activité professionnelle irrégulière. Elle a connu le service par sa collègue qui lui a parlé de l'aide éducative que le service de l'AEAD propose. À la suite de cette information, Madame B a adressé la demande d'aide directement à ce service. La mesure éducative a duré 24 mois. Le motif de l'intervention portait sur les relations parent-enfant. Madame B, qui était victime de violences lourdes de la part de son ex-mari, manifestait des difficultés pour accomplir les tâches parentales vis-à-vis de ses enfants. La discontinuité du lien entre les enfants et le père a été également signalée. Les enfants n'avaient pas des mesures précédentes, contrairement à la mère qui dans le passé a eu une mesure pénale. Au début, les ressources financières n'étaient pas suffisantes, ce qui a changé suite à la reprise d'un emploi par Madame B. L'aide financière, le suivi psychologique et l'accueil d'un des garçons dans l'internat scolaire ont été sollicités. L'intervention était à dominante sociale, psychologique et éducative. Les compétences visées par l'intervention concernaient la vie sociale et affective des usagers.

Monsieur C, âgé de 51 ans, de nationalité algérienne, est père de 4 enfants : d'une fille et de 3 garçons dont l'un était suivi en AEAD. Le père perçoit une pension d'invalidité en raison de son handicap physique. Madame C, épouse de Monsieur, est âgée de 53 ans, également de nationalité algérienne. Elle ne parle pas français et n'exerce aucune activité professionnelle. C'est le service social du secteur qui a orienté Monsieur C vers le service de l'AEAD. La mesure éducative a duré 22 mois. Le jeune, scolarisé dans le milieu ordinaire, présente un retard scolaire d'un an, des difficultés d'apprentissage et des troubles de comportement envers les autres enfants et l'équipe pédagogique. La situation socio-économique de la famille a fait l'objet de l'intervention socioéducative. Les ressources financières de la famille semblent être fortement insuffisantes, même si la question d'endettement n'est pas signalée. La famille C a longtemps vécu dans des conditions précaires, ensuite ils ont pu accéder à un appartement social. Le jeune a pu être orienté vers l'internat scolaire. L'intervention était jugée à dominante sociale et éducative. Le réseau de relations du fils est constitué par les pairs. Quant à Monsieur C, c'est le réseau de parenté et des institutions d'aide qui semblent constituer son réseau de socialisation. Aucune information concernant l'état de santé et de la vie sociale de Madame C. ne figure dans les écrits. On note l'absence des mesures précédentes dans cette famille. Les besoins identifiés concernaient la sécurité physique de la famille, les règles éducatives vis-à-vis du jeune et l'échange social. Madame et Monsieur C, totalement satisfaits de l'aide reçue, témoignent d'une grande souffrance liée au départ du travailleur social et à la fin de la mesure. À leurs yeux, les relais établis avec les autres structures d'aide ne sont pas suffisants pour les aider à améliorer la situation familiale qui se dégrade depuis la fin du contrat avec le service d'AEAD.

Madame D, âgée de 44 ans, de nationalité française, est mère de deux enfants : une fille et un garçon de 13 ans, dont elle a la garde. Madame D. divorcée, exerce la profession d'infirmière. Dans l'entretien, elle évoque les difficultés liées à sa trajectoire sociale en tant que « enfant de la DASS ». Ses parents sont morts dans le camp de concentration pendant la deuxième guerre mondiale. Le père des enfants manifestait des troubles psychiques qui ont influencé ses relations familiales. Madame D. exerce la garde des enfants. Elle a été orientée vers le service d'AEAD par le thérapeute de son fils qui manifeste des troubles de comportement nécessitant un suivi spécialisé. La mesure éducative a duré 4 mois. Les difficultés de la mère étaient d'assurer les soins de son fils et d'exercer son emploi. Au début scolarisé en milieu ordinaire, le fils de Madame D. a été accueilli ensuite dans un internat spécialisé.

L'aide reçue avait un caractère ponctuel, car les besoins thérapeutiques de son fils n'entraient pas dans le cadre des missions exercées par l'AEAD.

Madame E, divorcée et âgée de 38 ans, est mère de 6 enfants. Le père des enfants, âgé de 38 ans, travaillait en tant que chauffeur routier intérimaire. Madame E. travaille à temps plein en tant qu'aide-soignante. Les deux parents ont fondé de nouvelles familles après le divorce. Avant cela, Madame a vécu une période difficile dominée par une grande dépression. Madame E. a été orientée vers le service de l'AEAD par les services sociaux scolaires. Elle est suivie par ce service depuis 5 ans. Le premier fils a été suivi en AEAD, ensuite son frère. Ce dernier, âgé de 16 ans, de nationalité française, est domicilié chez la mère. Scolarisé en milieu ordinaire, il manifestait des difficultés d'apprentissage et des comportements difficiles envers l'équipe pédagogique. Il fréquentait l'école d'une manière sporadique. Un des objectifs de l'intervention était donc de chercher une formation professionnelle et un emploi pour ce jeune. Les pairs constituaient son réseau de relations le plus fréquenté. Les membres de la famille n'ont pas été sujets d'autres mesures. Les besoins identifiés concernaient l'affection et les règles éducatives. L'intervention a été jugée à dominante sociale et éducative, centrée principalement sur le jeune mais aussi sur les parents. Les axes de travail ont été constitués par la reconnaissance des difficultés par le jeune et un ou deux parents. Les dimensions des compétences visées englobaient la vie sociale (une aide financière a été sollicitée), affective, intellectuelle et culturelle, le rapport au corps et à la santé.

Madame F, a quatre enfants dont deux ont été suivis en AEAD et les deux autres placés dans des familles d'accueil. Il ne figure aucune information concernant les deux derniers enfants dans les écrits. Par contre, deux fils habitent avec Madame F, l'un est majeur et l'autre a 4 ans. Le premier présentait les difficultés d'apprentissage, des comportements difficiles envers l'équipe pédagogique et envers les autres enfants durant sa scolarisation. Ces difficultés l'ont conduit à une progressive déscolarisation. Quand il est sorti du système scolaire, il était à la recherche d'un

projet professionnel. Son petit frère, âgé de 4 ans a été inscrit à la crèche.
Madame F. a été orientée vers le service de l'AEAD par le service social scolaire. La mesure qui s'adressait aux deux enfants a duré 2 ans. Les difficultés familiales précisées dans le rapport ont été les suivantes : la discontinuité significative dans l'accompagnement éducatif due entre autres aux séparations, l'absentéisme scolaire, le passage à l'acte, la violence conjugale. D'autres difficultés ont été relevées durant la mesure pour d'autres enfants de la famille. Un des enfants dans la famille a fait l'objet d'un contrôle judicaire. Les deux autres enfants ont été placés dans des familles d'accueil. Les parents ont divorcé, l'autorité parentale et la garde des enfants ont été exercées par la mère. Les informations concernant le père étaient peu nombreuses. Nous avons pu savoir que le père d'origine capverdienne est né en 1961 et que son réseau de relations a été constitué entre autres par les membres de la communauté religieuse. Quant à la mère née en 1968, aussi d'origine capverdienne, elle travaillait à temps plein comme agent d'entretien. Elle a adressé sa demande d'aide à plusieurs structures sociales et judiciaires. Il n'y a aucune information concernant les conditions de vie du foyer. Pourtant, une des problématiques relevées durant la mesure concernait les conditions économiques de la famille. L'intervention a été centrée sur l'ensemble de la famille. Les besoins identifiés concernaient la sécurité physique aussi bien de la mère que des enfants, les règles éducatives et l'affection. L'intervention était à dominante éducative et sociale. Les compétences visées par l'intervention concernaient la vie sociale et affective, le rapport au corps et à la santé.

Monsieur G, est père de trois filles et d'un garçon. L'une des filles et l'un des garçons étaient suivis par le service judicaire et deux autres filles ont fait l'objet de mesures administratives. Âgées de 4 ans et 9 mois, de nationalité française, elles habitaient avec leurs deux parents. Aucun problème de santé n'a été relevé. Les parents vivaient en couple. Le père, âgé de 30 ans, exerçait un emploi intérimaire à temps plein. Il manifestait des conduites addictives liées à l'utilisation de produits stupéfiants. Les informations concernant son réseau de socialisation et des conditions de vie du foyer ne figuraient pas dans les écrits. Les services sociaux ont été à l'origine de la mesure administrative qui a duré 1 an et qui ne s'est pas arrêtée avant son terme. Les deux parents ont vécu de nombreux placements dans leur enfance. Les difficultés menant à la mesure étaient les suivantes : les obstacles au maintien du lien entre la fratrie, la discontinuité éducative dans l'accompagnement éducatif. L'aide financière a été sollicitée. Pendant l'intervention, les problématiques de l'enfant et du père ont occupé une place centrale. Les besoins identifiés concernaient l'affection et les échanges sociaux au sein de la famille. L'intervention était à dominante éducative et sociale. Les compétences visées concernaient l'hygiène, la protection morale, la vie sociale et affective, la sphère intellectuelle et culturelle de l'enfant. L'intervention était à dominante éducative et psychologique. Les axes de l'intervention portaient sur l'adhésion de la mère au projet éducatif et sur la capacité de changement de l'enfant. Les dimensions de compétences visées par l'intervention concernaient la vie sociale, le rapport au corps et à la santé et la réalisation des tâches de la vie quotidienne.

Monsieur H, père de trois enfants, avait la garde d'une de ses filles. Sa fille, âgée de 10 ans, née en France, au début de la mesure était scolarisée en milieu ordinaire et ensuite en internat scolaire. Elle manifestait des difficultés d'apprentissage, les comportements difficiles avec les autres enfants et une fréquentation irrégulière de l'établissement scolaire. Aucune information concernant leur réseau de relations ne figure dans les écrits. Les parents ont divorcé, la garde d'une fille et d'un garçon a été attribuée à la mère et pour la deuxième fille au père. Le père, âgé de 41 ans, était considéré invalide à cause de sa malvoyance. La pension d'invalidité et les prestations familiales constituaient son seul revenu. Les informations concernant son réseau de socialisation et les conditions de vie du foyer ne figuraient pas dans les écrits. Le service de l'AEMO judiciaire a été à l'origine de la mesure administrative qui a duré 23 mois et qui ne s'est pas arrêtée avant son terme.
Les difficultés menant à la mesure étaient les suivantes : les obstacles au maintien du lien avec la mère, les difficultés de

socialisation de l'enfant et les difficultés liées à la garde de l'enfant exercée par le père invalide. La mesure administrative constituait une continuité de la protection exercée antérieurement par le service judiciaire. Les besoins identifiés concernaient l'affection et les échanges sociaux au sein de la famille. L'intervention était à dominante éducative et sociale. Les compétences visées concernaient l'hygiène, la protection morale, la vie sociale et affective, la sphère intellectuelle et culturelle de l'enfant. L'intervention était à dominante éducative et psychologique. Les axes de l'intervention portaient sur l'adhésion de la mère au projet éducatif et sur la capacité de changement de l'enfant. Les dimensions de compétences visées par l'intervention concernaient la vie sociale, le rapport au corps et à la santé et la réalisation des tâches de la vie quotidienne.

Madame I a une fille âgée de 13 ans, qui vit en France depuis sa naissance. Scolarisée dans le milieu ordinaire, la jeune fille ne manifeste aucun retard scolaire, aucun comportement difficile envers l'équipe pédagogique ni envers d'autres enfants. Elle fréquente l'établissement scolaire d'une manière régulière. Cependant, elle semblait souffrir de carences éducatives au sein de son milieu familial. Le réseau de socialisation de la jeune fille a été constitué prioritairement de l'école et des autres institutions d'aide (le CMP et une autre institution thérapeutique).
Les parents ont divorcé. L'autorité parentale a été exercée par les deux parents. La garde, d'abord exercée par la mère, a ensuite été confiée au père. La mère, d'origine polonaise, âgée de 45 ans, exerçait une activité professionnelle à temps plein au moment de l'entretien. Elle souffrait de dépression et de conduites addictives. Ces troubles influençaient ses comportements en famille en rendant difficile la garde de sa fille. Lors de l'entretien, les relations de Madame I avec sa famille ont été plus ou moins rompues, sauf avec son frère. Son réseau de relations a été constitué prioritairement des collègues de travail et des différentes institutions d'aide, notamment les services de psychiatrie. Les informations concernant les conditions matérielles de vie du foyer ne figuraient pas dans les écrits. Le frère de Madame I, inquiet de la situation de la jeune fille, a demandé de l'aide auprès des

services sociaux. Ces derniers lui ont suggéré une mesure éducative comme le moyen d'aide le plus adapté. La mesure a duré 6 mois, parce que Madame I n'a pas voulu la prolonger. Les difficultés précisées dans le signalement concernaient les carences éducatives et la discontinuité éducative suite à la séparation des parents. Les éléments de danger repérés au signalement ont été confirmés. Le mineur n'a pas eu de mesures précédentes. Par contre la prise en charge medico–psychologique a été sollicitée durant la mesure. Les besoins identifiés par l'intervenant concernaient la sécurité psychique, la protection morale et l'échange social. C'est pourquoi l'intervention, centrée principalement sur la mère et le mineur, était à dominante psychologique et sociale. Les axes de l'intervention supposaient l'adhésion d'un des parents au projet éducatif, la reconnaissance de ses difficultés et celles de l'enfant, et leurs capacités de changement. Il était question de développer les compétences autour de la vie sociale et affective de chaque membre de la famille, mais aussi celles qui amélioraient leurs rapports à la santé.

Madame J a deux enfants, deux garçons de 9 et de 7 ans, nés en France. Les enfants, domiciliés chez la mère, sont scolarisés en milieu ordinaire. L'un d'entre eux présentait un retard scolaire, manifestait des comportements difficiles avec les autres enfants et l'équipe pédagogique. Le suivi médico-psychologique a mis en évidence l'hyperactivité de l'enfant. Aucune information concernant leurs réseaux de relations fréquentées ne figure dans les écrits. Les parents ont divorcé et la garde des enfants a été exercée conjointement. Le père était âgé de 40 ans, il était de nationalité française. Quant à la mère, âgée de 36 ans, de nationalité française également, exerçait un emploi intérimaire à temps plein. Aucun problème de santé n'a été relevé. Les revenus de la famille étaient composés du salaire de la mère et de la pension alimentaire. Elle était locataire d'un appartement sans confort. Chacun des parents était en train de construire un nouveau couple. Ceci n'a pas été bien vécu par les enfants. Le service de CMP a été à l'origine de la mesure qui a duré 4 ans et qui ne s'est pas arrêtée avant son terme. Les difficultés menant à la mesure étaient les suivantes : les obstacles au maintien du lien avec le père, les troubles de comportement de l'enfant. Aucune difficulté n'a été révélée pour d'autres enfants de la famille. Aucun membre de la famille n'était non plus sujet d'une mesure précédente. Par contre, il y a eu un suivi médico-psychologique mené en parallèle de l'intervention du service de l'AEAD. La problématique des enfants était principale dans cette intervention. Les besoins identifiés concernaient les règles éducatives, l'affection et les échanges sociaux. L'intervention était à dominante éducative et sociale. Les compétences visées concernaient la vie sociale et affective, la sphère intellectuelle et culturelle, l'affirmation de soi.

Madame K, âgée de 36 ans, de nationalité française, est mère de deux enfants : d'un garçon de 15 ans suivi en AEAD et d'un autre de 3 ans. Elle est divorcée et exerce une activité professionnelle à plein temps. Madame K est propriétaire d'un appartement avec confort. Les informations concernant le père ne figuraient pas dans les écrits. Les pairs constituaient le réseau de socialisation du jeune. Quant à la mère, les informations à ce sujet n'ont pas été mentionnées dans les écrits. Madame a été orientée vers le service de l'AEAD par le psychologue scolaire. La mesure éducative a duré 24 mois. Les difficultés révélées concernaient la relation conflictuelle entre la mère et le garçon, ainsi que les obstacles liés au maintien du lien entre l'enfant et son père. Le jeune scolarisé en milieu ordinaire adoptait des comportements difficiles envers l'équipe pédagogique. Les difficultés concernant les autres enfants de la famille n'ont pas été repérées. L'intervention était centrée sur les capacités de changement du jeune et de la mère. Il s'agissait de valoriser les évolutions positives du jeune et d'accepter les règles éducatives.

Madame L a deux enfants, une fille et un garçon qui depuis leur naissance vivent en France. La fille âgée de 15 ans et le garçon de 13 ans sont domiciliés chez la mère. La fille a été scolarisée en milieu ordinaire. Quant au garçon, il manifestait un retard scolaire important, des comportements difficiles avec les autres enfants et l'équipe pédagogique. Au cours de la mesure, le jeune a été orienté vers l'institution de l'enseignement spécialisé, le suivi au CMP a été également proposé. Au moment de l'entretien, il était à la recherche d'une insertion professionnelle. Le réseau de relations fréquentées par la fille était constitué par les pairs et la famille. Quant au garçon, un certain isolement social a été signalé. Les parents étaient divorcés. La garde des enfants était exercée par la mère. Le père âgé de 41 ans, d'origine portugaise, a fondé une nouvelle famille après le divorce. Agent d'entretien de profession, il manifestait des conduites addictives qui accompagnaient la violence intrafamiliale. Les informations sur un possible suivi dans un centre spécialisé ne figuraient pas dans les écrits. La mère âgée de 41 ans, d'origine portugaise et nourrice de profession, vit seule avec ses enfants. Elle souffre de dépression, ce qui l'a conduit vers une tentative de suicide. Son réseau de relations est constitué par les autres institutions d'aide et les collègues de travail. Madame est locataire d'un appartement sans confort. Le revenu familial est composé du salaire de la mère et des autres prestations familiales. Le problème d'endettement est apparu pendant la mesure. Madame a été orientée vers le service de l'AEAD par le service social scolaire. La mesure éducative a duré 4 ans et elle n'a pas été arrêtée avant son terme. Les difficultés précisées au début concernaient les carences éducatives, la discontinuité significative dans l'accompagnement éducatif, l'absentéisme scolaire, le passage à l'acte (dont les tentatives de suicide de la mère), la violence intrafamiliale. Aucune mesure précédente n'a eu lieu, ni pour les parents, ni pour les enfants. L'aide financière et l'accueil provisoire ont été sollicités pour un des enfants. Les besoins identifiés durant l'intervention ont été les suivants : la sécurité physique, les règles éducatives, l'affection et les échanges sociaux. L'intervention était à dominante éducative, sociale et psychologique, centrée principalement sur le jeune garçon et sur la mère, et sur leurs capacités de changement. Les compétences visées concernaient la vie sociale du jeune, ses capacités à s'affirmer et à communiquer. Quant à la mère, il était question de la soutenir dans les tâches de la vie quotidienne.

Madame M a deux enfants, une fille et un garçon. La mesure a été mise en place pour le garçon, âgé de 18 ans, domicilié chez la mère. Les parents ont divorcé et la fille habitait chez le père. Le jeune garçon avait des difficultés scolaires, il fréquentait l'école

d'une manière irrégulière ce qui l'a conduit à une progressive déscolarisation. Il manifestait des comportements difficiles avec les autres enfants. Pendant la mesure, il était à la recherche d'un emploi. Le problème d'isolement social n'a pas été signalé, au contraire le jeune avait des relations intenses avec ses pairs. Le père, âgé de 53 ans, d'origine hongroise, exerçait un travail à temps plein. Il a souffert de troubles psychiques, provoquant des difficultés dans sa vie quotidienne et nécessitant un suivi spécialisé. Selon les informations recueillies, le réseau des relations du père était constitué par des institutions d'aide. Quant à la mère, âgé de 51 ans, d'origine thaïlandaise, elle a été employée en tant que technicienne de voyage à temps plein. Les ressources de la famille étaient composées uniquement du salaire de la mère. Avec son fils, Madame M habitait dans un logement social.
Madame a été orientée vers le service de l'AEAD par les services sociaux de la commune. La mesure a duré une année et elle ne s'est pas arrêtée avant son terme. Les difficultés signalées concernaient l'absentéisme scolaire de l'enfant et le passage à l'acte, plus précisément la violence sur autrui. L'intervention a été centrée sur le jeune et sur la mère. Elle a visé les capacités de changement du jeune, son insertion professionnelle, la valorisation de ses évolutions positives et l'acceptation des règles éducatives. Quant à la mère, il s'agissait de lui faire comprendre les vraies difficultés de son fils.

Madame N, âgée de 27 ans, célibataire, d'origine haïtienne, est mère de deux enfants âgés de 4 et 3 ans, suivis en AEAD. Au début sans profession, elle a pu accéder à un emploi à plein temps. Madame N a été orientée vers le service d'AEAD par les services de la santé. L'isolement social de la mère, son insertion professionnelle, les difficultés de socialisation de ses enfants ont constitué les motifs de l'intervention socioéducative. Ni la mère, ni les enfants n'ont été suivis précédemment. Les informations concernant l'état de santé de la mère n'ont pas été mentionnées dans l'écrit. Les ressources financières semblent suffisantes, cependant l'entretien révèle que le lieu d'habitation de cette famille est très précaire. Les besoins identifiés pendant la mesure éducative concernaient la réalisation des tâches quotidiennes par la mère et ses échanges sociaux. En conséquence, les compétences visées par l'intervention touchaient à la vie sociale et la vie quotidienne. L'environnement a été vu comme le facteur stimulant les capacités de l'usager.

Madame O, âgée de 32 ans, d'origine marocaine, est mère de 3 enfants : de jumelles âgées de 5 ans et d'un garçon âgé de 4 ans. Monsieur O, âgé de 33 ans, également d'origine marocaine, est séparé de sa femme. Madame O. a la garde des enfants et exerce une activité professionnelle à plein temps. Elle a été orientée vers le service de l'AEAD par le psychologue de CMPP. La mesure éducative a duré 24 mois. Des éléments de danger ont été précisés dans le signalement : il s'agissait d'une discontinuité significative dans l'accompagnement éducatif, des obstacles au maintien du lien avec le père et des comportements violents d'un des enfants. Les enfants ont été inscrits à l'école maternelle et suite à la mesure éducative, on les a orientés vers l'institution spécialisée. Cette séparation temporaire a permis à Madame O. de mieux gérer le stress lié à son activité professionnelle et de prendre soins de sa santé psychique. Aucune information concernant le réseau de socialisation de la mère ne figurait dans les écrits. L'information qui révèle que Madame O. s'est sentie isolée a été fournie durant l'entretien. Les besoins identifiés concernaient la protection morale, l'affection, l'échange social et les règles éducatives. L'intervention était à dominante éducative et psychologique, centrée sur la mère et ses enfants. Les axes de l'intervention concernaient les capacités de changement des usagers et la reconnaissance des difficultés des enfants par la mère.

Madame P est mère d'un garçon âgé de 15 ans. Elle a été orientée vers le service d'AEAD par le psychologue du collège qui a repéré les troubles de comportement du jeune. Madame P. est séparée de son mari et elle a en charge l'éducation de son fils. Les troubles de comportement du jeune sont apparus au cours de sa scolarisation, mais l'inquiétude de la mère et la demande d'aide se sont extériorisées quand les absences du jeune à l'école sont devenues de plus en plus fréquentes. La mesure d'AEAD a duré 2 mois. Elle a été transformée en mesure judiciaire. Madame P. trouve l'aide éducative apportée par le service de l'AEAD inappropriée. Elle attendait un suivi plus régulier et intensif, centré plus sur le dialogue avec le jeune, car son père était absent et elle, en tant que mère, s'est sentie impuissante vis-à-vis du comportement de son fils. Pour Madame P. la mesure éducative était trop « administrative », peu centrée sur le jeune. En conséquence, la mère n'a aperçu aucun changement de la situation familiale et elle n'est pas satisfaite de l'aide reçue. Pendant notre rencontre, elle compare l'intervention du service de l'AEAD à la mesure judicaire qui a suivi. L'intervention du travailleur social, mandaté par le juge, a eu lieu quand le jeune, totalement déscolarisé, est entré en conflit avec la loi. Madame P. souligne que la relation entre la « nouvelle » éducatrice et le jeune était beaucoup plus éducative. Le travailleur social a pris la place du référent. Suite à cette intervention, le jeune a été orienté vers un foyer socioéducatif où il a pu être à nouveau scolarisé et construire un projet pour son avenir.

Madame P1 est mère d'une fille de 9 ans, suivie en AEAD pendant 6 mois. Madame P1 est mariée et exerce un emploi à temps partiel. Elle témoigne d'une histoire de vie douloureuse, caractérisée par de nombreuses ruptures. Son mari qui est beaucoup plus âgé qu'elle, perçoit une pension d'invalidité. Madame a souffert d'une dépression qui l'a conduite à une longue hospitalisation. Pendant cette séparation, le père a perçu les troubles relationnels chez sa fille. Il en a parlé à l'assistante sociale de l'hôpital qui lui a donné l'adresse du service. Après le retour de Madame à la maison, elle a fait la demande directement auprès du service éducatif. Toutefois, la mesure a pris fin à la demande de la famille. Le positionnement relationnel des intervenants ne correspondait pas aux attentes de Madame P1.

Madame R, âgée de 35 ans, d'origine et de nationalité française, n'exerce aucune profession. Elle est mariée et élève deux enfants : une fille âgée de 10 ans et un garçon âgé de 8 ans, scolarisés en milieu ordinaire, ne manifestant pas de difficultés scolaires. Monsieur R, âgé de 48 ans, d'origine française, père de deux enfants, exerçait une activité professionnelle à plein temps. Il souffre de conduites addictives qui nécessitent un suivi dans un centre spécialisé. Monsieur et Madame R., sont locataires d'un appartement sans confort, les ressources financières du foyer ne semblent pas suffisantes. Le réseau de socialisation du père est constitué par les membres de la famille, les institutions d'aide, le voisinage et le réseau professionnel. L'orientation de Madame R. vers le service de l'AEAD a été faite par le service judicaire. L'enfance de Madame R. a été très douloureuse : enfant battue, placée dans une famille d'accueil. À l'âge adulte, Madame R souffre de schizophrénie qui nécessite le suivi dans un centre spécialisé. Ne voulant pas reproduire de comportements violents sur ses deux enfants, elle a écrit au juge qui a ordonné une mesure de curatelle judiciaire et un placement chez des tiers dignes de confiance. La mesure de l'AEAD qui a duré 48 mois, a été mise en place à la fin du placement, afin de préparer le retour des enfants chez les parents. Le risque de reproduction de la négligence envers les enfants a constitué le premier motif de l'intervention socioéducative. Le travail éducatif effectué portait sur la relation parents-enfants et sur l'accomplissement des tâches quotidiennes relèvant du rôle parental. Le discours de Madame R. montre le besoin d'une référence qui protège les enfants contre les comportements abusifs qu'elle-même ne se sent pas apte à contrôler. Ainsi, les besoins repérés durant l'intervention concernaient la sécurité physique et morale, les règles éducatives, l'affection, l'hygiène et les soins, l'échange social. De même, les compétences des usagers visées par l'intervention concernaient la vie sociale et affective, la présence dans l'environnement et le rapport au corps et à la santé. Suite à l'intervention, Madame R. s'est sentie rassurée en tant que mère. Elle a appris à parler de sa souffrance avec les enfants.

Monsieur S, âgé de 44 ans, d'origine portugaise, exerce une activité professionnelle à plein temps. Il est père de trois enfants : d'une fille âgée de 16 ans et d'une autre de 14 ans et d'un garçon âgé de 11 ans. Divorcé avec la mère de ses enfants, il s'est ensuite remarié. Les enfants, nés en France, sont domiciliés chez le père. La fille aînée présente des difficultés d'apprentissage et un retard scolaire de 2 ans. Les informations portant sur son état de santé et sur le réseau de socialisation n'ont pas été mentionnées dans les écrits. Madame S., son ex-épouse et la mère de ces 3 enfants, était âgée de 43 ans. Elle exerçait la profession d'assistante maternelle. Elle s'est ensuite retrouvée sans emploi. Les conduites addictives chez la mère ont été supposées par la fille. Comme dans le cas des enfants, les informations portant sur l'état de santé des parents et sur leur réseau de socialisation n'ont pas été mentionnées. La mesure éducative qui a durée 6 mois, a débuté suite à une lettre adressée par la fille aînée au service social du secteur. Dans cette lettre, elle décrit la maltraitance psychologique exercée sur elle par sa mère et elle demande à être placée dans une famille d'accueil. Après six mois mesure, la situation a été signalée aux autorités judicaires. Les éléments de danger signalés dans le rapport et ensuite confirmés par le travailleur social, portaient sur la violence intrafamiliale physique et psychique. Les besoins identifiés durant la mesure concernaient la sécurité psychique et morale, l'affection et les échanges sociaux. L'intervention était à dominante éducative et psychologique.

Monsieur S. témoigne d'être souvent absent du foyer en raison de son activité professionnelle. Il a été informé par l'école de la violence subie par sa fille. Suite au divorce pour faute, il a obtenu la garde des enfants. Dans un premier temps, il a été satisfait des soutiens sociaux reçus par sa famille. Ensuite, quand sa fille, déjà majeure, a décidé de quitter la maison du père, d'abord pour habiter avec sa mère et ensuite être accueillie dans un foyer, Monsieur S. n'a pas apprécié la décision du service social qui a donné cette possibilité à sa fille. Il n'apprécie pas non plus la conduite de sa fille depuis qu'elle habite au foyer. Monsieur S. perçoit l'aide reçue en termes de pouvoir de l'Etat qui intervient d'une manière déstabilisante au sein de la famille, en dévalorisant la place et l'autorité des parents.

Madame T est mère de trois enfants. Une fille et un garçon âgé de 17 ans ont été suivis en AEAD. Madame T. a divorcé suite à la violence intrafamiliale exercée par le père des enfants. La nouvelle configuration familiale a remis en question la place de chacun au sein de la famille. Madame T. adresse donc une demande directe d'aide éducative au service de l'AEAD. La mesure a duré 5 ans et l'autorité parentale a constitué le sujet central de l'intervention socioéducative. Madame T. témoigne être une mère possessive, vivant « en symbiose » avec ses enfants. Le manque de figure paternelle nécessite que les règles éducatives soient réintroduites par la mère. Madame T. se dit satisfaite de l'aide reçue. La mesure éducative lui a permis de confirmer sa place de parent et de reconstruire sa vie privée. Elle a participé au groupe de parents et continue à y participer, même si le contrat d'aide éducative a pris fin. Elle y est présente pour témoigner des changements qui ont été mis en place au sein de sa famille. Dans son discours, Madame T. souligne l'importance des paroles et de l'apprentissage lié à la vie commune.

Madame T1 est mère de deux enfants, un garçon et une fille. Ces deux enfants ont été suivis en AEAD. La mesure a duré environ 1 an et demi. Madame est séparée du père de ses enfants, elle a témoigné de sérieux problèmes de santé, ainsi que des conditions socio-économiques difficiles. Les deux enfants sont scolarisés au collège. À un moment donné, quand la maladie de la mère est apparue, les enfants sont devenus turbulents à l'école mais aussi à l'extérieur de l'école. L'assistante sociale du collège a donc conseillé à la mère de s'adresser au service de l'AEAD et de faire la demande de l'aide éducative.

Madame U âgée de 45 ans, d'origine portugaise, est mère de 4 enfants dont deux ont été suivis en AEAD : une fille âgée 16 ans et un garçon de 11 ans. Leur père, Monsieur U, âgé de 51 ans, est également d'origine portugaise. Les deux parents exercent une activité professionnelle. Madame U, maltraitée dans son enfance, a vécu dans un foyer pour l'enfance. Elle et son mari ont eux-mêmes appris à lire et ils travaillent depuis l'âge de 9 ans. Selon Madame U, ce passé difficile a eu de mauvaises incidences sur son état de santé et celui de son mari. On note plusieurs hospitalisations de Monsieur et Madame U durant les 2 ans de la mesure éducative. Les enfants, nés en France, domiciliés chez leurs parents, ont été scolarisés en milieu ordinaire. Les deux enfants ont manifesté des difficultés d'apprentissage scolaires, mais seul le garçon présentait un retard scolaire de deux ans. Les structures sportives étaient pour

lui le seul réseau de socialisation. Quant à la fille, elle participait fréquemment aux sorties organisées par ses pairs. Madame U est entrée en contact avec le service d'AEAD par l'intermédiaire de l'assistante sociale du secteur. La mesure éducative a duré 24 mois pour le premier enfant, pour le deuxième elle dure depuis 5 ans. Les difficultés relationnelles, l'endettement, les troubles dépressifs de la mère (qui l'ont conduite à la tentative de suicide) ont été relevés avant l'intervention. L'état de santé psychique de Madame U influençait ses relations à l'intérieur et à l'extérieur de la famille. En conséquence, elle a été orientée vers un suivi psychiatrique spécialisé.
L'intervention était à dominante sociale, éducative et psychologique. On note un besoin d'échanges sociaux et d'affection au sein de la famille. De même, les compétences des usagers visées par l'intervention concernaient la vie sociale et affective, la présence dans l'environnement, la vie intellectuelle et culturelle et l'affirmation de soi.
Selon Madame U, l'intervention socioéducative a libéré la parole au sein de sa famille. En se voyant comme une mère possessive, elle a pu se détacher de son fils et accepter qu'il soit scolarisé dans un internat.

Madame V, âgée de 43 ans, d'origine et de nationalité française, est mère de 3 enfants. Le garçon le plus jeune, âgé de 14 ans a été suivi en AEAD. Madame V, divorcée et bénéficiaire de RMI témoigne de sa dépression. Aucune information concernant le père ne figure dans les écrits.
Madame V a été orientée vers le service d'AEAD par le service social du secteur. La mesure éducative a duré deux ans. Les troubles de comportements de son fils à l'école à la fois envers l'équipe pédagogique et les autres enfants, son absentéisme scolaire et la santé psychique de la mère ont fait l'objet du travail socioéducatif. Ni la mère ni le jeune n'ont fait l'objet des mesures précédentes. Au début de l'intervention, le jeune garçon habitait avec son père et ses deux sœurs, ensuite, il a déménagé chez Madame V. Il est scolarisé en milieu ordinaire et il participe souvent à l'atelier de peinture qui lui permet de canaliser sa nervosité.

L'intervention était à dominante psychologique et éducative. Les axes de l'intervention ont été à la fois centrés sur les capacités à changer du jeune et de la mère. Les compétences visées concernaient la vie sociale et affective de la mère et du jeune, et la vie scolaire du jeune. Suite à l'intervention, Madame V a pu donner plus d'autonomie à son fils qui, de son coté, est en train de construire un projet professionnel.

Madame V1, âgée de 45 ans, de nationalité française, est mère de deux garçons : l'un âgé de 14 ans et l'autre âgé de 9. Les enfants sont domiciliés chez la mère. Le (s) père (s) reste (restent) inconnu(s). Lors de l'entretien Madame V1 dévoile son passé pénitentiaire. La mesure éducative a duré 10 mois. Elle s'est terminée avant la date prévue. Madame V1 n'étant pas satisfaite de l'aide apportée, a sollicité une mesure judicaire. En conséquence, la mesure du service de l'AEAD s'est transformée en Investigation d'Orientation Educative (IOE). Les actes violents du fils constituaient le motif préliminaire de l'intervention. L'attouchement sexuel par un adulte envers ce jeune garçon a été révélé durant la mesure. La procédure judiciaire qui suivait cette découverte était en cours. Madame V1 a été peu coopérative, ce qui explique probablement le manque d'informations dans le rapport écrit. Lors de l'entretien, elle a comparé l'intervention du service administratif à celle du service judicaire, qu'elle trouve beaucoup plus efficace.

Madame W, est mère de deux enfants, une fille âgée de 8 ans et un garçon de 10 ans. Les enfants fréquentent l'école primaire d'une manière régulière. La famille a été orientée vers le service de l'AEAD par l'assistante sociale du secteur. Madame a constaté que les enfants sont devenus agités et ceci a constitué le motif de la mesure éducative. Cette dernière a duré 6 mois. Elle a pris fin à la demande de l'usager. Madame W est mariée avec le père des enfants. Toutefois, elle témoigne d'une grande distance vis-à-vis de son époux. Elle occupe deux emplois et son revenu est le seul du foyer. Son mari ne travaille pas, mais selon Madame W, il ne s'occupe pas non plus des enfants. Tenant compte de l'emploi du temps de Madame qui quotidiennement quitte son domicile à 5h du matin pour aller au travail, la voisine accompagne les enfants à l'école. Madame W les récupère à la halte garderie. Les conditions de vie au foyer font que les enfants souffrent de l'absence de leur mère qu'ils voient seulement quelques heures par jour. La relation qui semble conflictuelle entre Madame W et les travailleurs sociaux a eu un impact sur la fin de l'AEAD. En conséquence, la mère n'a aperçu aucun changement de la situation familiale et elle n'est pas satisfaite de l'aide reçue.

Monsieur X, âgé de 43 ans, de nationalité capverdienne, a perdu sa première femme et s'est ensuite remarié. Il exerce une activité professionnelle à plein temps. Madame X, sa deuxième épouse, âgée de 43 ans, travaille comme secrétaire. Aucune information concernant leur état de santé ni leur réseau social n'a été mentionnée dans les écrits. Monsieur X a une fille, âgée de 18 ans, née au Cap Vert et issue de son premier mariage. Elle était domiciliée chez son père et vivait sous le même toit avec un demi-frère et une demi-sœur. Monsieur X et Madame X constituent une famille recomposée et ont également deux enfants qui habitent hors du domicile. La jeune fille, suivie en AEAD a été scolarisée en milieu ordinaire. Elle a recherché ensuite une formation professionnelle. Les difficultés relationnelles ont été repérées. Les passages à l'acte de la jeune fille mettaient en danger sa sécurité, sa santé psychique et physique. La mesure éducative du service de l'AEAD n'a duré qu'un mois. La demande d'aide du père n'a pas été confirmée par la fille, qui était déjà majeure à l'époque. En conséquence, sans son accord, l'intervention ne pouvait pas être poursuivie. La jeune fille a été ensuite orientée vers un foyer éducatif, à la base d'une décision judiciaire. Le père n'est pas satisfait de la procédure mise en place. Il n'y avait aucune enquête sociale qui pouvait vérifier les conditions d'éducation de sa fille. Monsieur X a reçu un courrier du Tribunal qui l'informait du « changement d'adresse » de sa fille. Monsieur X témoigne également qu'aucun travailleur social n'est venu au domicile. Il ne connaît pas le motif d'accueil de sa fille dans l'institution éducative. Cette information ne figure pas non plus dans les écrits du service.

Madame Y, âgé de 38 ans, d'origine algérienne, est mère de 4 enfants issus de deux pères différents. Elle exerce donc la garde de deux garçons âgés de 16 et 13 ans, ainsi que de deux filles âgées de 9 et 8 ans, tous suivis en AEAD. Madame Y après un long chômage, a commencé à travailler en tant que surveillante à la cantine. Après l'accident de son fils, elle est entrée dans la dépression. Son réseau de socialisation a été constitué majoritairement par les relations familiales, toutefois les professionnels notent un certain isolement social. Madame a divorcé deux fois, les enfants ont eu peu de contacts avec leur père. Les enfants sont tous domiciliés chez la mère. Le garçon le plus âgé n'a pas vécu en France depuis sa naissance. Les enfants sont scolarisés en milieu ordinaire, cependant on note des difficultés d'apprentissage chez les filles les plus jeunes. Le garçon âgé de 13 ans n'a pas fréquenté un établissement scolaire d'une manière régulière, il a présenté des troubles de comportements envers les autres enfants et l'équipe pédagogique. Les filles plus jeunes ont été suivies au CMP et une aide scolaire à la lecture a été mise en place par le RASED.

L'aîné de la famille a été victime d'une agression au collège, l'échelle de gravité de ses séquelles a été de 5/7. On note également, qu'il était sujet d'une mesure de réparation pénale et qu'il a effectué une garde à vue (suite à l'agression d'un policier en civil et l'incendie d'un camion). Il avait aussi un suivi psychiatrique. Après l'agression, pour éviter de possibles émeutes, la famille a déménagé. L'agresseur a été condamné à 18 mois de prison avec sursis. Les réseaux de socialisation des enfants ont été constitués par les pairs, les associations culturelles et sportives. Madame a été orientée vers l'AEAD par les services sociaux, la mesure éducative a duré 20 mois, elle a pris fin à la demande de l'usager (la non-collaboration selon les écrits). Les difficultés repérées ont concerné les obstacles du maintien du lien avec les pères, les troubles de comportements d'un des fils, les difficultés d'apprentissage des filles, le manque de communication au sein de la famille, le mal-être dû à l'agression du fils aîné (les enfants ont eu peur d'aller à l'école). Durant le chômage, les ressources de la famille ont semblé insuffisantes. Madame a été locataire d'un appartement communal. Suite à l'agression de son fils, les pouvoirs locaux lui ont offert une maison individuelle. La mesure de tutelle aux présentations familiales a été également mise en place. La relation avec les travailleurs sociaux a semblé conflictuelle. Ces derniers notent une certaine passivité de Madame Y vis-à-vis des objectifs établis et le refus d'un suivi psychologique. Les problématiques principales dont relevait cette situation étaient les suivantes : la problématique de la famille, les conditions économiques du foyer, ainsi que l'environnement social. Les besoins familiaux concernaient la sécurité physique, la protection morale. C'est pourquoi l'intervention a été jugée à dominante sociale et psychologique. Ces axes supposaient l'adhésion du parent et des enfants au projet d'aide éducative. Il était question de développer les compétences de la famille autour de la vie sociale, affective et intellectuelle. Il s'agissait également d'aider la mère dans des tâches quotidiennes et d'aider les enfants plus jeunes à s'affirmer.

Madame Y1, âgé de 40 ans, est mère d'une fille 14 ans. Madame Y qui est séparée du père de son enfant, percevait au moment de l'entretien des indemnités du chômage qui, avec les différentes pensions familiales, constituent les seules ressources financières du foyer. La mère n'entretient aucune relation avec son compagnon. Les relations entre l'enfant et le père sont également interrompues. Madame témoigne de son isolement social et des difficultés socio-économiques. La fille n'a pas vécu en France depuis sa naissance, toutefois elle a été scolarisée en France. Certaines difficultés de socialisation et d'apprentissage sont apparues chez elle.

Madame Z, âgée de 43 ans, d'origine et de nationalité française, est mère de trois enfants : deux garçons âgés de 13 et 8 ans et d'une fille de 22 ans qui a construit son propre foyer. Jamais mariée, elle s'est séparée des pères de ses enfants. Aucune information à leur sujet ne figure pas dans les écrits. La mesure éducative a débuté par la demande directe de Madame Z (avec le conseil de la directrice du service de placement familial) et elle a duré 19 mois. On note une discontinuité significative dans l'accompagnement éducatif, aussi bien avec les pères qu'avec la mère lors du placement des enfants chez les familles d'accueil. La violence du plus jeune envers sa mère (danger de mort pour la mère) a fait l'objet d'une mesure judiciaire. Les problèmes de santé de Madame Z, la nécessité de son hospitalisation (Madame Z a souffert de la dépression) et le manque de soutien social ont été à l'origine du placement familial provisoire de deux enfants. Deux garçons ont manifesté des retards scolaires et des difficultés d'apprentissage. Une fréquentation irrégulière de l'établissement scolaire de l'un d'entre eux s'est ensuite transformée en déscolarisation. Les enfants habitaient d'une manière permanente chez la mère. La procédure de la reconnaissance légitime des enfants par les pères était en cours. Madame Z exerce un emploi à plein temps. Les ressources du foyer semblent suffisantes. Madame Z est locataire d'un appartement sans confort. Les problématiques principales dont relevait cette situation étaient celles des jeunes et de la mère. Les besoins familiaux concernaient les soins quotidiens des enfants, la sécurité physique, la protection morale, les règles éducatives et l'échange affectif. C'est pourquoi l'intervention a été jugée à dominante psychologique et éducative. Ses axes supposaient le développement des capacités de changements du jeune et de la mère, précédées par la reconnaissance des difficultés vécues. Il était question de développer les compétences de la famille autour de la vie sociale, affective et intellectuelle. Il s'agissait également d'aider la mère dans des tâches quotidiennes.

Madame Z1, âgée de 37 ans, est mère de 4 enfants issus de deux mariages différents. Aucune information concernant les pères ne figure dans les écrits analysés. La mesure éducative débute d'abord pour le fils aîné, âgé de 16 ans. Deux ans après, trois autres enfants ont commencé à être suivis en AEAD : deux garçons âgés de 12 et 10 ans, ainsi qu'une fille de 5 ans. Les enfants d'origine et de nationalité française, domiciliés chez la mère, ont été scolarisés en milieu ordinaire et n'ont pas eu de difficultés scolaires. Par contre, le fils âgé de 12 ans souffrait depuis 10 ans d'une maladie chronique et l'aîné a été suivi au CMP. Les réseaux de socialisation des enfants ont été constitués par les pairs, les structures culturelles, religieuses et sportives. La mesure éducative a duré 26 mois pour le premier garçon et 9 mois pour les trois autres. L'intervention socioéducative a débuté par la demande directe. Madame exprime l'avoir fait avec le conseil de l'assistante sociale scolaire. La mesure éducative ne s'est pas arrêtée avant son terme. Les difficultés repérées ont concerné la violence conjugale (avec le deuxième mari), ainsi que les difficultés relationnelles au sein de la fratrie (violence et la naissance du dernier enfant). Au cours de la mesure éducative, un signalement adressé au procureur de la République a eu lieu par rapport à l'acte posé par le fils aîné. Madame Z1 exerce un emploi à plein temps, toutefois on note chez elle certains symptômes de dépression et un suivi psychologique mis en place pour alléger cette souffrance. Le réseau de socialisation de la mère a été constitué par les autres institutions d'aide, le voisinage et les collègues du travail. Les salaires ont constitué la principale source de revenu familial, les ressources du foyer semblant être suffisantes. La famille est locataire d'un appartement sans confort. Les besoins familiaux concernaient la sécurité physique, la protection morale et les règles éducatives C'est pourquoi l'intervention, centrée principalement sur les jeunes et sur la mère, a été jugée à dominante éducative et psychologique. Ses axes supposaient l'adhésion du jeune au projet éducatif, ainsi que la capacité de changement de la mère. Il était question de développer les compétences de la famille autour de la vie sociale et affective.

Madame Z2, âgée de 42 ans, de profession esthéticienne, est la mère d'un garçon de 11 ans. Elle est divorcée, la garde et l'autorité parentale sont partagées par les parents. Madame est entrée au service de l'AEAD par la demande directe. La violence conjugale, et après le divorce, la relation violente entre la mère et le fils ont constitué les motifs de la mise en place de l'AEAD. Le père, âgé de 42 ans, a reconstruit son foyer familial, il a eu un enfant avec sa nouvelle épouse. L'enfant n'a présenté ni de difficultés, ni de retard scolaire ni de comportements turbulents à l'école. Toutefois et par rapport aux comportements violents au sein de la famille, le jeune a été suivi par un psychologue. Les ressources du foyer ont semblé suffisantes. Les besoins familiaux ont concerné la sécurité physique, la protection morale, les règles éducatives et l'échange affectif. C'est pourquoi l'intervention a été jugée à dominante éducative. La reconnaissance des difficultés par la mère, les capacités du changement de la mère et du jeune ont été visées. La mesure éducative a duré 18 mois, elle a pris fin à la demande de la mère.

Références bibliographiques

Abiteboul O. (1998), *Le paradoxe apprivoisé*, Paris, Flammarion.
Afchain J. (2001), *Les associations d'action sociale. Outils d'analyse et d'intervention*, Paris, Dunod (2ème édition).
Alföldi F. (1999), *L'évaluation en protection de l'enfance. Théorie et méthode*, Paris, Dunod.
Alföldi F. (2004). Les petits cercles bipolaires. Un outil d'évaluation clinique à finalité participative, *Les Cahiers de l'Actif* n° 332-335, 87-97.
Allée R., Collard M. (1979), *L'action éducative en milieu ouvert. Situation et devenir*, Paris, CTNERHI.
Amiguet O. & Julier C. (dir.), (1994), *Travail social et systémique*, Genève, IES.
Amiguet O. & Julier C., (1996), *L'intervention systémique dans le travail social. Repères épistémologiques, éthiques et méthodologiques*, Genève, I.E.S.
A.N.A.S. (1993), *De l'usager au citoyen*, Paris, ESF.
A.N.A.S. (1994), *Mandat, contrat, évaluation. Quelle légitimité pour quel travail social*, Paris, ESF.
A.N.A.S. (2000), *L'évaluation du travail social et de l'action sociale. Évaluer pour évoluer*, Paris, ESF.
Anderson S.A. & al. (2000). The impact of couple violence on parenting and children: an overview and clinical implication. *The American Journal of Family Therapy*, n° 27, 1-19.
Ardoino J. & Berger G. (1989), *D'une évaluation en miettes à une évaluation en actes*, Paris, ANDSHA.
Arendt H. (1972), *La crise de la culture*, Paris, Gallimard.
Ascher F. (2004), *La société hypermoderne. Ces événements nous dépassent, feignons d'en être les organisateurs*, Paris, L'Aube.
Ascher F. (2005). Dans une société hypertexte. *Sciences humaines* n° 165, 46-48.
Ausloos G. (1996), *La compétence des familles : temps, chaos, processus*, Toulouse, Erès.
Autès M. (1999), *Les paradoxes du travail social*, Paris, Dunod.

Back U. (1998). Le conflit des deux modernités et la question de la disparition des solidarités. *Lien social et politique*, n° 39. Revue Erudit, revue informatisée.

Badinter E. (1980), *L'amour en plus*, Paris, Flammarion.

Bandura A. (2003), *Auto-efficacité. Le sentiment d'efficacité personnelle*, Paris, De Boeck.

Barcenilla J. & Tijus C. (1998). Acquisition, description et évaluation des savoir-faire : un point de vue cognitif. *Connexions* n° 70, 31-46.

Barel Y. (1978), *Le paradoxe et le système*, Grenoble, Presses universitaires de Grenoble.

Barker R. (2003), *The Social Work Dictionary*. Publisher Silver Spring Md. NASW (National Association of Social Workers).

Barreyre J.-Y., & al. (1995) *Dictionnaire critique d'action sociale*, Paris, Bayard.

Barus-Michel J. (1987), *Le sujet social. Étude de psychologie sociale clinique*, Paris, Dunod.

Bas-Theron F., Paul S., Rousset Y. (2005). *Suivi, contrôle, évaluation du travail social et de l'intervention sociale*. Rapport de l'Inspection générale des affaires sociales (IGAS).

Bateson G. et M.-C. (1989), *La peur des anges*, Paris, Seuil.

Bauman Z. (2004), *L'amour liquide. De la fragilité des liens entre les hommes*, Paris, Le Rouergue/Chambon.

Bauman Z. (2005). Vivre dans la « modernité liquide ». Entretien avec Z. Bauman. *Sciences Humaines*, n° 165, 34-36.

Bauman Z. (2003). L'humanité comme projet. Anthropologie et Société, vol. 27, n° 3, *Revues Erudit*, revue informatisée.

Beck U. (2001), *La société du risque. Sur la voie d'une nouvelle modernité*, Paris, Flammarion.

Becker H. (1985), *Outsiders*, Paris, A-M. Métailié.

Beillerot J. (1995), *L'institution. Textes français contemporains de base*, Nanterre, Université Paris X.

Beistegui M. (dir.), (2004), *L'intervention éducative en milieu ouvert. Pour une rencontre entre théories et pratiques*, Paris, L'Harmattan.

Belsky J. (1984). The determinants of parenting : a process model. *Child Development*, 55, 83-96.
Bennett F., Ruxton S. (2002), *Inclure les enfants ? Élaboration d'une approche de la pauvreté et de l'exclusion sociale des enfants à travers l'Europe*, Rapport de recherche. Euronet
Bergier B. (1998), *Intérêts et limites de la restitution*, Habilitation à diriger des recherches, sous la direction de V. de Gaulejac, Université Paris 7.
Bergier B. (2000), *Repères pour une restitution des résultats de la recherche en Sciences sociales*, Paris, L'Harmattan.
Berger P., Luckman T. (1996), *La construction sociale de la réalité*, Paris, Méridiens Klincksieck.
Besson C., Guay J. (2000), *Profession « travailleur social ». Savoir évaluer, oser s'impliquer*, Paris, Gaëtan Morin.
Bidou P. (2001), *Le Mythe de Tapir Chaman. Essai d'anthropologie psychanalytique*, Paris, Odile Jacob.
Blaie J.-P.& Kurc A. (1988), *L'évaluation en travail social*, Nancy, Presses Universitaires de Nancy.
Blanchet A. & Gotman A. (1992), *L'enquête et ses méthodes : l'entretien*, Paris, Nathan.
Blanchet A. (1991), *Dire et faire dire. L'entretien*, Paris, A. Colin.
Boisvert F. & Trudelle D. (2002). Être parent en milieu défavorisé : de la compétence au sentiment d'impuissance. *La revue internationale de l'éducation familiale*, vol. 6, n° 2, 87-103.
Bouchard Ch. (2002), *Qualité d'un organisme. Construction et expérimentation d'un dispositif d'indicateurs de la qualité*. Thèse présentée à la Faculté des études supérieures à l'Université de Laval. Doctorat en mesure et évaluation. Faculté des Sciences de l'éducation, Université Laval, Québec.
Bourquin G. (2000), Le travail social et la dimension de l'usage, In : Humbert C. (dir.), *Les usagers de l'action sociale. Sujets, clients ou bénéficiaires*, Paris, L'Harmattan, 45-54.
Bourdieu P. (1982), *Ce que parler veut dire*, Paris, Fayard.
Bourdieu P. (dir.) (1993), *La misère du monde*, Paris, Seuil.
Boursier F. & al. (2000), *Des représentations dans les institutions sociales et médico-sociales*, Lyon, Scopedit.

Boutanquoi M. (2001), *Travail social et pratiques de la relation d'aide*, Paris, L'Harmattan.
Boutanquoi M., Minary J.-P., Demiche T. (2005), *La qualité des pratiques en protection de l'enfance*, Convention d'étude DGAS.
Boutin G. & Durning P. (1999), *Les interventions auprès des parents. Innovation en protection de l'enfance et en éducation spécialisée*, Paris, Dunod (2ème édition).
Brangier E. & Tarquinio C. (1998). La compétence : modèles et usages. L'émergence de nouvelles normes sociales. *Connexions* n° 70, 13-30.
Breugnot P., Durning P. (2001), L'AEMO, objet de recherche en émergence. In : Durning P. & Chrétien J. (2001). *L'AEMO en recherche. L'état des connaissances, l'état des questions,*), Paris, Matrice, 15-92.
Briefer J.-F. & al. (2004), Les enjeux contradictoires dans le travail thérapeutique avec les patients dépendants de substance et leurs proches. In : O. Amiguet & C.R. Julier (2004). *Les enjeux contradictoires dans le travail social. Perspectives systémiques*, Toulouse, Erès.
Brill J. (1977), *Symbolisme & Civilisation. Essai sur l'efficacité anthropologique de l'imaginaire*, Thèse présentée devant l'Université de Grenoble II, le 6 juin 1975. Lille, Atelier de reproduction des thèses Université de Lille III.
Brizais R. (2003). Paroles des usagers. Action des professionnels – un rapport dialectique. *Espace Social*. Actes du XXIIIèmes Assises de CNAEMO, cd-rom.
Broissia De L. (2005), *Rapport sur l'amélioration de la prise en charge des mineurs protégés*, Rapport.
Bromberg M. (2004a), La communication comme symptôme de l'appropriation du monde, In : Bromberg M. et Trognon A. (dir.), *Psychologie sociale et communication*, Paris, Dunod, 21-34.
Bromberg M. (2004b), Contrat de communication et co-construction du sens. In : M. Bromberg et A. Trognon (dir.), *Psychologie sociale et communication*, Paris, Dunod, 95-108.

Camberlein P. (1999). À la croisée du projet d'établissement et des politiques publiques : l'évaluation, In : Schaller J.-J. (dir.), *Accompagner la personne en difficulté*, Paris, Dunod, 168-187.

Canguilhem G. (1996), *Le normal et le pathologique*, Paris, PUF.

Castel R. (1995), *Les métamorphoses de la question sociale*. Paris, Fayard,

Castoriadis C. (1975), *L'institution imaginaire de la société*, Paris, Seuil.

Cavat B., Reungoat P., Collat A. (dir.) (1997), *L'action éducative en milieu ouvert dans la protection de l'enfance. Des missions spécifiques, des pratiques à expliciter*, Guide pratique, Saint Melaine sur Aubance, Formadoc.

Chagnot C. (2004). L'évaluation, miroir des politiques et des pratiques sociales. *Union sociale* n° 178.

Chamberland C., Dufour S. (2003), *L'efficacité des interventions en protection de l'enfance. Recension des écrits*, Centre d'excellence pour la protection et le bien-être des enfants. Canada.

Chapman M. V. & al. (2003). Parental views of in-home services: What predicts satisfaction with child welfare workers ? *Child Welfare, vol. LXXXII #5*. Child Welfare League of America.

Charaudeau P. (2004). Le contrat de communication dans une perspective langagière : contrainte psychosociale et contrainte discursive, In : M. Bromberg et A. Trognon (dir.). *Psychologie sociale et communication*, Paris, Dunod, 109-120.

Chatenoud A. (2004), *Les interventions socio-éducatives : le point de vue des usagers. Action éducative en milieu ouvert, externat médico-professionnel, centre d'hébergement et de réinsertion sociale*, Paris, Matrice.

Chatenoud A., Corbillon M. (2004), Le travail avec les familles. Le point de vue de parents accueillis en CHRS. *Les Cahiers de l'Actif* n° 332-335, 247-256.

Chatenoud A, Corbillon M. (2002), *Familles en Centre d'Hébergement et de Réinsertion Sociale : Soutien social,*

parentalité et pratiques professionnelles. Rapport de recherche, Nanterre : CREF Université Paris X Nanterre.
Chatenoud A. (1999), *Assistance Educative en Milieu Ouvert. Les représentations parentales*. Mémoire de maîtrise sous la direction de M. Corbillon. Université Paris X Nanterre.
Chauvenet A. (1992), La *protection de l'enfance. Une pratique ambiguë*, Paris, L'Harmattan.
Chauvière M. (2000). Les usagers. Ambiguïté d'un nouveau paradigme pour l'action sociale. In : Humbert C. (dir.), *Les usagers de l'action sociale. Sujets, clients ou bénéficiaires*, Paris, L'Harmattan, 7-43.
Cherronnet H. (1998), *L'AEMO au carrefour de ses valeurs*, Lille-Amiens, Ifar -Cnaemo.
Cnaemo (1990), *Le livre blanc de l'AEMO du secteur associatif*. Amiens, Cnaemo.
Cnaemo (1993), *Référentiel pour l'AEMO administrative*. Amiens, Cnaemo.
Cnaeamo (2000), *Topo guide 2000*. Amiens, Cnaemo.
Coenen-Huther J. (2001), *À l'écoute des humbles. Entretiens en milieu populaire*, Paris, L'Harmattan.
Colpin H., Vandemeulebroecke L., De Munter A. (2000). L'éducation dans les familles monoparentales. *La revue internationale de l'éducation familiale*, vol. 4, n° 2, 35-51.
Corbillon M., Assailly J.-P., Duyme M. (1990), *L'enfant placé. De l'Assistance publique à l'Aide sociale à l'enfance*, Paris, La Documentation française.
Corbillon M., Rousseau P., Durning P. (1999), *AEMO administrative et judiciaire en Seine-Saint-Denis. Analyse des moments clés de l'intervention*. ERISFER, Paris X Nanterre.
Corbillon, M., Rousseau, P. (2003), *Pratiques et valeurs de l'AEMO judiciaire au Service Social de l'Enfance des Hauts-de-Seine*. Nanterre, CREF.
Conseil général des Hauts-de-Seine. *Loi 2002-2 du 2 janvier 2002 rénovant l'action sociale et médico-sociale. Recueil de législation comparée*, Février 2002.
Corbillon M. (dir.) (2001), *Suppléance familiale : nouvelle approches, nouvelles pratiques*, Paris, Matrice.

Corbillon M.(2000). Réseau social et interventions socio-éducatives. *Les Sciences de l'éducation pour l'ère nouvelle*, vol. 33, n° 4, 135-157.
Crozier M., Friedberg E. (1977), *L'acteur et le système*. Paris, Seuil.
Cutrona C.E., Trutman B.R. (1986). Social support, infant temperament and parenting self-efficacy. A mediational model of postpartum depression. *Child Development*, 57, 1507-1518. Article cité par Bandura A. (2003). *Autoefficacité. Le sentiment d'efficacité personnelle*, Paris, De Boeck, 2003.
CS-US (Groupe de spécialistes sur la participation des usagers aux services sociaux et la présentation de services sociaux intégrés), (septembre 2004). *La participation des usagers aux services sociaux*. Rapport final, document préparé par le secrétariat du Conseil de l'Europe.
Danancier J., (1999). *Le projet individualisé dans l'accompagnement éducatif. Contexte, méthodes, outils*, Paris, Dunod.
Dandurand R. (2001). Familles et services sociaux : quelles limites aux interventions. *Revue service social* vol. 41 n° 1, Erudit, http://www.erudit.org/revue/index.html.
Darty F. (2000). *La restauration des capacités parentales dans le cadre des mesures d'AEMO. Comment ? Et pour quelle efficacité ?* Rapport de recherche.
Davis M. (2000), *The Blackwell Encyclopaedia of Social Work*. Blackwell Publishers, Oxford.
Deana C. (2004). « Faire ensemble », tenir la Loi et soutenir le lien. *Les Cahiers de l'Actif* n° 332-335, 19-29.
De La Monnerayé Y. (1993). L'enfant en difficulté scolaire, In : Gouhier A. *La relation d'aide*. Actes du colloque organisé par l'Institut de Formation et de Recherche en Action Sociale de Nancy II.
De la Vega X. (2005). Enquête sur le coaching. *Sciences Humaines*, n° 165, 19-21.
De Marais A. & *al.* (août 2003), Distal and Proximal Factors in Domestic Violence, A Test of an Integrated Model. *Journal of Marriage and Family*, 65, 652-667.

De Robertis C. (1981), *Méthodologie de l'intervention en travail social*. Paris, Centurion.

Denis M. (1989), *Image et cognition*, Paris, PUF.

Denis M. (1993), Pour les représentations, In : M. Denis, G. Sabath (dir.), *Modèles et concepts pour la science cognitive*, Grenoble, Presses universitaires de Grenoble.

Dépelteau F. (2000), *La démarche d'une recherche en sciences humaines : de la question de départ à la communication des résultats*, Bruxelles, De Boeck.

Deslandes R., Potvin P. (1998). Les comportements des parents et les aspirations scolaires des adolescents. *La revue internationale de l'éducation familiale*, vol. 2 n° 1, 9-24.

Deslandes R. (1999). Une visée partenariale dans les relations entre l'école et les familles : complémentarité de trois cadres conceptuels. *La revue internationale de l'éducation familiale*, vol. 3, n° 1&2, 31-50.

Desrumaux-Zagrodnicki P. (1998), *Manuel pratique de travail social. Des méthodes pour être efficace*, Paris, Gaëtan Morin.

Develay M. (2001), *Propos sur les sciences de l'éducation. Réflexions épistémologiques*, Paris, ESF.

Dicquemare D. (2004). Législation et mentalités. Évolution et renforcement bilatéraux. *Les Cahiers de l'Actif* n° 304/305, 41-52.

Dicquemare D. (2004). La résistance au changement, produit d'un système et d'un individu. *Les Cahiers de l'Actif*, n° 292/293, 81-96.

Dictionnaire de l'Académie française, neuvième édition Version informatisée,http://atilf.atilf.fr/academie9.htm

Drapeau S. et Samson C. (1999). Les enfants de parents séparés, que vivent-ils et qui leur vient en aide. *La revue internationale de l'éducation familiale*, vol. 3, n° 1&2, 125-141.

DREES (2005). Les bénéficiaires de l'aide sociale départementale en 2004. *Études et résultats*, n° 428.

Dubet F. (2002), *Le déclin de l'institution*, Paris, Seuil.

Dubet F. (21/03/2003). Intervention de l'auteur aux XXIIIèmes Assises du CNAEMO. *Paroles des usagers, action des professionnels : un rapport dialectique.*
Dubois J., Mitterand H., Dauzat A. (2001), *Dictionnaire étymologique*, Paris, Larousse.
Ducalet P., Laforcade M. (2001), *Penser la qualité dans les institutions sanitaires et sociales. Sens, enjeux, méthodes*, Paris, Seli Arslan.
Duléry A., Corbillon, M. (2006), *L'éducation éducative familiale préventive : évaluation des modes d'entrée et des pratiques d'intervention au sien d'un dispositif d'AEMO.* Rapport de recherche intermédiaire. CREF-Paris X/ADSEA 77
Dumont J.-L. (2004). Logiques sociales et sciences de l'action. La praxéologie au service du travail social. *French and other perspectives in praxiology. Praxiology : The International Annual of Practical Philosophy and Methodology*, Vol. 12. Edited by V. Alexandre, W. Gasparski.
Durkheim E. (1950), *Leçons de sociologie*, Paris, PUF.
Durning P. (1995), *Éducation Familiale. Acteurs, processus et enjeux*, Paris, PUF.
Durning P., Pascal S. (1999), *Le partage de l'action éducative entre parents et professionnels.* Rapport de recherche, Nanterre, GREF.
Durning P. et Chrétien J. (coord.), (2001), *AEMO en recherche : l'état des connaissances, l'état des questions*, Paris Matrice.
Duss Von Werdt J. (1994). Travail social, approche systémique : valeur et valeurs. In : Amiguet O. & Julier C. (dir.), *Travail social et systémique*, Paris, IES.
Dutrenit J.-M. (1997), *La compétence sociale : diagnostic et développement,* Paris, L'Harmattan.
Dutrénit J.-M. (2000). Évaluation de la compétence sociale de l'usager. *Les Cahiers de l'Actif* n° 288- 291, 179-200.
Elder C.H. & *al.* (1995). Inner city parents under economic pressure : Perspectives on the strategies of parenting. *The Journal of Marriage and the Family.* 57, 771-784.
Elkaïm M. (1989), *Si tu m'aimes, ne m'aime pas. Approche systémique et psychothérapie*, Paris, Seuil.

Emond M.-F. (1993). Au risque d'oser... la création dans la relation d'aide. In : Gouhier A. (dir.), *La relation d'aide*, Nancy, Presses universitaires de Nancy, 79- 84.

E.N.S.P. (1992), *Évaluation des politiques et transformation des pratiques professionnelles dans le domaine social*, Paris, ENSP.

Evers A. (2004), *Current strands in debating user involvement in social services, document de travail.* Document de travail. Groupe de spécialistes sur la participation des usagers aux services sociaux et la présentation de services sociaux intégrés. Conseil de l'Europe.

Fablet D. (coord.) (2002), *Les interventions socioéducatives*, Paris, L'Harmattan

Fablet D. (2005), *Suppléance familiale et interventions socio-éducatives*, Paris, L'Harmattan.

Ficher, G.-N. (1996), *Les concepts fondamentaux de la psychologie sociale*, Paris, Dunod, 2ème édition.

Fortin A., (1998). L'enfant en contexte de violence conjugale : témoin ou victime ? *La revue internationale de l'éducation familiale*, vol. 2, n° 1, 41-56.

Fortin R. (2000), *Comprendre la complexité. Introduction à la Méthode d'Edgar Morin*, Paris, L'Harmattan.

Fraisse J., Bonetti M., Gaulejac de V. (1987). *L'évaluation dynamique des organisations publiques,* Paris, Editions d'Organisation.

Frigout S. (2004). Enjeux conversationnels, savoir communs et gestion de l'implicite. In : M. Bromberg et A. Trognon (dir.), *Psychologie sociale et communication*, Paris, Dunod, 173-180).

Gagné J. (2003). Aristote ou le changement qui ne peut venir de l'intérieur. *L'Agora* vol. 9, n° 4, version informatisée de la revue.

Gauchet M. (1995-96a). La personnalité contemporaine. *Travailler le social* n° 13, 10-28.

Gauchet M. (1995-96b). La personnalité contemporaine. Deuxième partie. *Travailler le social* n° 14, 10-28.

Gaulejac V. de (1996), *Les sources de la honte*, Paris, Desclée de Bouwer.

Gaulejac V. de, Fraisse J., Bonetti M. (1995), *L'ingénierie sociale*, Paris, Syros.

Gerard C. (2000). Pragmatique de l'alternance et approche systémique. Construire du sens en problématisant. In : C. Clanet et B. Jeunier (dir.), *Approches systémiques et recherches en Sciences de l'Education. Les dossiers de Sciences de l'Education*, n°3/2000 Presses Universitaires du Mirail, Toulouse, 27-40.

Goffman E. (1975), *Stigmates*, Paris, Minuit.

Goffman E. (1974), *Les rites d'interaction*, Paris, Minuit.

Gouhier A. (1993). L'entraide, pourquoi pas ? In : Gouhier A. (dir.), *La relation d'aide*, Nancy, Presses universitaires de Nancy, 6-11).

Grevot A. & al. (1995), *Les stratégies des familles et leurs représentations de l'intervention sociale et judiciaire de protection de l'enfance. Comparaison franco-anglaise*. Rapport de recherche.

Hadji C. (1990), *L'évaluation, règles du jeu, des interventions aux outils*, Paris, ESF, 2ème édition.

Hadji C. (1992), *L'évaluation des actions éducatives*, Paris, PUF.

Haley J. & al. (1980), *Changements systémiques en thérapie familiale*, Paris, ESF.

Halpern C. (novembre 2004). Georges Canguilhelm (1904 -1995). Le Normal et le Pathologique. *Sciences Humaines*, n° 154, 50-53.

Hardy G. & al. (2001), *S'il te plaît ne m'aide pas, l'aide sous injonction administrative ou judiciaire*, Toulouse, Erès.

Hardy G. (2004), De la compétence des familles à la compétence d'intervention. *Les Cahiers de l'Actif* n°332-335, 37-46.

Hatzfeld H. (1998), *Construire une nouvelle légitimité en travail social*. Paris, Dunod.

Heider F. (1958), *The Psychology of Interpersonal Relations*. New York, Wiley cité par M. Bromberg et A. Trognon (sous la dir.), *Psychologie sociale et communication*. Paris, Dunod.

Heikkilä M., Julkunen I. (2004), *Obstacles to an increased user involvement in social services*. Document de travail. Groupe de spécialistes sur la participation des usagers aux services

sociaux et la présentation de services sociaux intégrés. Conseil de l'Europe.
Hell B. (2002), *Possession et chamanisme. Les maîtres du désordre*, Paris, Flammarion.
Heslon C. (2001). La loi de 75 après un quart de siècle. Quelques enseignements anthropologiques. *Les Cahiers de l'Actif* n° 304/305, 13-26.
Heydt J.-M. (15/07/2002), *Éducation à la citoyenneté : deux conditions fondamentales*. Communication présentée à la conférence Citoyenneté et formation des travailleurs sociaux dans la mondialisation.
IGAS. (2005), *L'intervention sociale, un travail de proximité*, Rapport annuel. La Documentation française.
Isambert F. (1979), *Rite et efficacité symbolique*, Paris, le Cerf.
Jaeger M. (2002). La loi du 2 janvier 2002 de rénovation de l'action sociale et médico-sociale et les enjeux de l'évaluation des institutions. *La nouvelle revue de l'AIS* n° 20, 29-38.
Jahoda G. (1989), *Psychologie et anthropologie*, Paris, Armand Colin.
Janvier R., Matho A. (2004), *Mettre en œuvre le droit des usagers dans les organisations sociales et médico-sociales*. Paris, Dunod.
Joing J.-L. (1997). Labelliser » un service... c'est aujourd'hui possible. *Les Cahiers de l'Actif* n° 256/257, 5-16.
Juillerat B. (2001), *Penser l'imaginaire. Essai d'anthropologie psychanalytique*, Lausanne, Payot.
Jullien F. (1996), *Traité de l'efficacité*, Paris, Grasset & Fasquelle.
Jullien F. (2005), *Conférence sur l'efficacité*, Paris, PUF.
Kaës R. & al. (1979), *Crise, rupture et dépassement*, Paris, Dunod,
Kant E. (1997), *Critique de la raison pure*, Paris, PUF.
Kapp S.A., Popp J. (juin 2002). Client satisfaction methods: input from parents with children in foster care. *Child and adolescent social work journal*, vol. 19, n° 3, 227-245.
Kellerhals J. & Montandon C. (1991), *Les stratégies éducatives des familles. Milieu social, dynamique familiale et éducation des préadolescents*, Lausanne, Delachaux et Niestlé.

Klein P. (dir.), (2003). *Précieux enfants, précieux parents*, document de travail européen. ATD Quart Monde.
Knorth E.J. & al.. (2004). Feed-back des enfants et parents : résultats d'une étude d'orientation dans l'aide résidentielle à l'enfant. *La revue internationale de l'éducation familiale*, vol. 8 n° 2, 73-89.
Kotarbinski T. (2000). *Traktat o dobrej robocie* (Traité du travail efficace), Poznań, Ossolineum.
Kuhn T.S. (1972), *La structure des révolutions scientifiques*, Paris, Flammarion.
Ladsous J. (1998). Les quatre niveaux du projet. *Les Cahiers de l'Actif*, n° 266/ 267, 29-35.
Lagrange C. (1998), *Violences. Les travailleurs sociaux à la recherche d'un nouvel « art de faire »*, Paris, Matrice.
Lahaye W., Maoloni M-P, Nimal P. (1999). Regards des jeunes sur les relations école-famille. *La revue internationale de l'éducation familiale*. vol. 3, n° 1-2, 5-30.
Lantz P., Lantz A. (1996), *L'investissement symbolique*, Paris, PUF.
Lavigueur S., Laurendeau R. (1990). La collaboration éducateur-famille : un choix qui modifie l'attitude de l'intervenant. *Revue Canadienne de psychoéducation*, 20(2), 123-137, cité par Durning P., Pascal S. (1999), *Le partage de l'action éducative entre parents et professionnels*, rapport de recherche, GREF.
Lavoué J. (2000), *Éduquer avec les parents : l'AEMO une pédagogie pour la parentalité*. Paris, L'Harmattan.
Le Bossé Y., Dufort F. Le pouvoir agir (empowerment) des personnes et des communauté : une autre façon d'intervenir. In Dufort F., Guby J. (2001), *Agir au cœur des communautés. La psychologie communautaire et le changement social*. Laval, Presse de l'Université Laval
Le Breton D. (1990), *Anthropologie du corps et modernité*, Paris, PUF.
Le Breton D. (25 octobre 2004), *De l'efficacité symbolique*. PSF Rédaction, version imprimée.
Le Moigne J.-L. (2001), *Le constructivisme. Les enracinements*, Paris, L'Harmattan.

Le Ny J.-F. (2005), *Comment l'esprit produit du sens.* Paris, Odile Jacob.
Le Poultier F. (1990), *Recherches évaluatives en travail social.* Paris, PUG.
Le Poultier F. (1986), *Travail social, inadaptation sociale et processus cognitifs,* Vanves, CTNERHI, PUF.
Leclerc-Olive M. (1997), *Le dire de l'événement (biographique),* Paris, Presses universitaires du Septentrion.
Legros M. (1988), Des établissements et services aux observatoires sociaux : pratiques de l'évaluation. In : Blaie J.-P. et Kurc A. (1988), *L'évaluation en travail social,* Nancy, Presses Universitaires de Nancy.
Léomant C. (1995). *Le milieu ouvert judiciaire. Réalités et représentations.* Travaux de recherche n° 12.
Léomant C., Sotteau-Léomant N. (2001), *Aide Contrainte et Citoyenneté. Justice des mineurs et intervention éducative en milieu ouvert,* Rapport de recherche.
Leone J.M. & al. (2004). Consequences of Male Partner Violence for Low-Income Minority Women. *Journal of Marriage and the Family,* n° 66, 472- 490.
Lerbet G. (1986), *De la structure au système. Essai sur l'évolution des sciences humaines,* Paris, UNMFREO.
Lévy A. (1993), Dimension psychologique de la relation d'aide. In : Gouhier A. (dir.), *La relation d'aide,* Nancy, Presses universitaires de Nancy, 125-135.
Lerbet-Séréni F. (2000). Système, paradoxe et relation pédagogique. Les nouages de la relation et des savoirs. In : Clanet C. et Jeunier B. (dir.). Approches systémiques et recherches en Sciences de l'Education. *Les dossiers des Sciences de l'Education* n° 3/2000. Toulouse : Presses Universitaires du Mirail, 41-61.
Lesain-Delabarre J.-M. (2002). L'évaluation institutionnelle, entre recherche et intervention : éléments d'une problématique. *La nouvelle revue de l'AIS* n° 20, 13-28.
Lévis-Strauss C. (1958/1974), *Anthropologie structurale.* Paris, Plon.
Loubat J.-R. (1998). Le projet personnalisé ou l'engagement dû au bénéficiaire. *Les Cahiers de l'Actif,* n° 266/ 267, 57-69.

Loubat J.-R. (1997), *Élaborer son projet d'établissement social et médico-social. Contexte, méthodes, outils.* Paris, Dunod.

Loubat J.-R. 2000). Prestataires et bénéficiaires doivent passer un contrat ! *Lien Social* n° 527, version imprimée.

Loubat J.-R. (2001). Projet de réforme de la loi de 1975 et nouveau travail social et médico-social. *Les Cahiers de l'Actif* n° 304/305, 93-108.

Loubat J.-R. (2004). Mettre en œuvre le partenariat par la négociation. *Les Cahiers de l'Actif*, n° 332-335, 61-71.

Maisondieu J. (1997), *La fabrique des exclus*, Paris, Bayard.

Manciaux M., Gabel M., Girodet D., Mignot C., Rouyer M., (1997), *Enfance en danger*, Paris, Fleurus.

Marc E., Picard D. (2000), *L'école de Palo Alto. Un nouveau regard sur les relations humaines*, Paris, Retz.

Martin D. (1998), Violence, institution défaillante et « art de faire » des travailleurs sociaux. In : Lagrange C. (dir.). *Violences. Les travailleurs sociaux à la recherche d'un nouvel « art de faire »*, Paris, Matrice, 39-70.

Martuccelli D. (2005). Agir : le spectre des possibles. *Sciences Humaines* n° 168, 45-46.

Massa H. (2002). Fondements de la pratique de l'approche systémique en travail social. *Les Cahiers de l'Actif* n° 308/309, Paris, 9-28.

McCarty W., Frieze H.I. (1999). Negative aspects of therapy : client perception of therapists' social influence, burnout, and quality of care. *Journal of Social Issues*, v55 i1, p.33 (1).

Meyer C. (2004). Observer l'intervention socioéducative au regard de nouveaux textes. *Les Cahiers de l'Actif* n° 332-335, 1-35.

Miller N.B. & al. (1998), Stressful life events, social support and the distress of widowed and divorced women. *Journal of Family Issues*, vol. 19, n.2, p.181.

MIPES (2003), *Recueil statistique relatif à la pauvreté et la précarité en Ile-de-France au 31 décembre 2003.*

Miron J.-M. (1999). La narration réflexive des cas vécus en formation parentale. *La revue internationale de l'éducation familiale*, vol. 3, n° 1&2, 111-124.

Moliner P. (dir.) (2001), *La dynamique des représentations sociales*, Grenoble, Presses universitaires de Grenoble.

Montero M. (2002). On the construction of reality and truth. Towards an epistemology of community social psychology (1). *American Journal of Community Psychology* v30, i4, p. 570 (14).
Morin E., Le Moigne J.-L. (1999), *L'intelligence de la complexité*, Paris, L'Harmattan.
Morin E. (1977), *La méthode. Tome 1, La nature de la nature*, Paris, Seuil.
Morin E. (1990), *L'introduction à la pensée complexe*, Paris, ESF.
Moscovici S. (dir.), (1984), *Psychologie sociale*, Paris, PUF.
Mucchielli A. (dir.) (2004), *Dictionnaire des méthodes qualitatives en sciences humaines*, Paris, Armand Colin.
Mugnier J.-P. (2000). *L'identité virtuelle : les jeux de l'offre et de la demande dans le champ social.* Paris, ESF.
Naves P., Cathala B. (2000), *Accueils provisoires et placements d'enfants et d'adolescents : des décisions qui mettent à l'épreuve le système français de protection de l'enfance et de la famille.* Rapport.
Naves P. (dir.) (2003), *Pour et Avec les enfants et adolescents, leurs parents et les professionnels, contribution à l'amélioration du système français de protection de l'enfance et de l'adolescence.* Rapport de recherche au Ministère délégué à la Famille.
Neuburger R. (2000), *L'autre demande. Psychanalyse et thérapie familiale systémique,* Paris, ESF.
Noble F. (2000). L'usager au centre du dispositif. Enoncé d'une mission impossible. In : Humbert C. (dir.). *Les usagers de l'action sociale. Sujets, clients ou bénéficiaires,* Paris, L'Harmattan, 55-71.
Oned (2005), *Premier rapport annuel au parlement et au gouvernement de l'Observatoire nationale de l'enfance en danger.* GIPEM.
Office québécois de la langue française. *Grand dictionnaire terminologique de la langue française du Québec,* version informatisée, http://www.oqlf.gouv.qc.ca/.
Palacio-Quintin E., Coderre R. (2004). Les facteurs de risque et leur effet cumulatif sur le développement social de l'enfant.

La revue internationale de l'éducation familiale, vol, n° 2, 9-22.

Parent P. (1999). Les interventions auprès de famille. Questions éthiques soulevées au sein des pratiques. *Les Cahiers de l'Actif,* n° 276/277, 57-76.

Paugam S. (1991), *La disqualification sociale. Essai sur la nouvelle pauvreté*, Paris, PUF.

Paul M. (2003), *Ce qu'accompagner veut dire : entre tradition et postmodernité*, Thèse de doctorat, dirigée par M. Fabre, Université de Nantes.

Perkins D. D. (1995). Speaking truth to power: empowerment ideology as social intervention and policy. *American Journal of Community Psychology*, v 23, n° 5, 765 (30).

Petitclerc J.-M. (1992). L'évaluation, une nécessité incontournable, réflexions sur les enjeux et les méthodes, *EMPAN*, n° 9, 64-70.

Piaget J. (1996), *Le structuralisme*, Paris, PUF.

Platon, *Apologie de Socrate*.

Pourtois J.-P., Desmet H. (dir.), (2000), *Relation familiale et résilience*, Paris, L'Harmattan.

Pourtois J.-P., Desmet H., Lahaye W. (1993). La pratique interagie de la recherche et de l'action en sciences humaines. *Revue Française de Pédagogie*, n° 105, 71-81.

Promofaf (1997), *L'intervention en milieu ouvert, des fonctions, des capacités, des compétences*. Lyon, Promofaf Rhône-Alpes.

Quine W.V.O. (1977), *Le mot et la chose*. Paris, Flammarion.

Riffault J. (2003). L'autorité comme promesse. *Revue Espace Social - L'autorité, une question éducative*, cd-rom 2, CNAEMO.

Romeo C. (2001), *L'évolution des relations parents – enfants – professionnels dans le cadre de la protection de l'enfance*. Rapport remis à Madame le Ministre déléguée à la famille, à l'enfance et aux personnes handicapées.

Rougeul F. (2003), *Familles en crise. Approche systémique des relations humaines*, Paris, Georg.

Rosenberg A.A., Limber P.S. (1996). The contribution of social science to family policy. *Journal of Social Issues*, v52, n°3, p 1(9).
Rosenczveig J.-P. (1996), *Le dispositif français de protection de l'enfance*, Paris, Jeunesse et droit.
Rousseau, P. (2006), *Pratique des écrits et écriture des pratiques. La part « indicible » de l'Action Educative en Milieu Ouvert*, Thèse de sciences de l'éducation, Paris X Nanterre.
Salanskis J.-M. (2001).*Sens et philosophie du sens*. Paris, Desclée de Brouwer.
Sallaberry J.-C. (2000). Complexité des situations d'éducation et théorie des systèmes. In C. Clanet & B. Jeunier, *Approches systémiques et recherches en Sciences de l'Education. Les dossiers de Sciences de l'Education* n° 3/2000, Presses Universitaires du Mirail, Toulouse, 11-26.
Scarbrough W.J. (2001). Welfare mothers' reflections on personal responsibility. *Journal of Social Issues*, v57,i2, p.261(1).
Schaller J.-J. (dir.) (1999), *Accompagner la personne en difficulté*, Paris, Dunod.
Selvini-Palazzoli M. (1987), *Le magicien sans magie*, ESF, Paris.
Stengers I., Nathan T. (2004), *Médecins et sorciers*. Paris, Les empêcheurs de penser en rond.
Tarquinio C. (1997). *Diagnostic social et rapport social : étude expérimentale de l'intervention des registres évaluatif versus descriptif dans le jugement social*. Thèse de doctorat en psychologie sociale. Clerrmont-Ferrand, cité par Desrumaux-Zagrodnicki P. (1998), *Manuel pratique de travail social. Des méthodes pour être efficace*. Paris, Gaëtan Morin.
Terrisse B. Larose F., Lefebvre M.-L. (1998). L'évaluation des facteurs de risque et de protection dans la famille : développement et validation du questionnaire sur l'environnement familial. *La revue internationale de l'éducation familiale*, vol. 2, n° 2, 39-62.
Terrisse B., Larose F., Couturier Y. (2003). Quelles sont les compétences attendues pour assurer la professionnalité dans l'intervention socioéducative auprès du jeune enfant et de sa

famille. *La revue internationale de l'éducation familiale,* vol. 7, n° 1, 11-34.

Terrisse B. & al. (2005), *Étude des besoins d'information et de formation à exercice des rôles éducatifs des parents québécois ayant des jeunes enfants (naissance-12 ans) et adéquation avec les services offerts par les organismes de soutien à la famille.* Université du Québec à Montréal.

Thévenet A. (2002), *L'aide sociale aujourd'hui.* Paris, ESF, 14ème édition.

Thouvenot C. (1998), *L'efficacité des éducateurs. Une approche anthropologique de l'action éducative spécialisée,* Paris, L'Harmattan.

Touraine A. (2005), *Un nouveau paradigme. Pour comprendre le monde d'aujourd'hui,* Paris, Fayard.

Trésor de la Langue Française Informatisé TLFI, Université Nancy 2, CNRS, http ://atilf.atilf.fr/tlf.htm

Vallerie B. (2002). La prise d'une décision comme moment éducatif : le nécessaire partenariat entre l'institution et mesure conjointe. *La revue internationale de l'éducation familiale,* vol. 6, n° 2, 33-47.

Vattier G. (1971), *Approches de l'action éducative en milieu ouvert. Eléments de méthodologie d'organisation et d'étude,* Paris, ESF.

Verdier P. (1987), *Guide de l'Aide sociale à l'enfance,* Paris, Bayard.

Von Bertalanffy L. (1993), *Théorie générale des systèmes.* Paris, Dunod.

Von Foerster H. (1990). L'invention d'une réalité. In : Watzlawick P. (1988) (dir.) *L'invention de la réalité,* Paris, Seuil, 45-67.

Vottenburg N. (1978*), Involved van de school op beeld-en attitudevorming t.a.v. misdrijf en strafrechtbedeling,* Document de recherche non publié, K.U. Leuven, Criminologie, Décembre 1978, cité par Walgrave. (1986). Le système familial, facteur de reproduction et de production de vulnérabilité accrue pour l'intervention sociale. In : Ausloos G., Segond. (dir.). *Marginalité système et famille,* (pp.149-161). Vaucresson, CRIU.

Watzlawick P., Weakland J., Fisch R. (1975), *Changements, paradoxes et psychothérapie*. Paris, Seuil.
Watzlawick P., Helmick J, Jackson Don D. (1979), *Une logique de la communication*, Paris, Seuil.
Watzlawick(1980), *Le langage du changement*, Paris, Seuil.
Watzlawick P. (1998a) (dir.), *L'invention de la réalité*, Paris, Seuil.
Watzlawick P. (1998b). Les prédictions qui se vérifient elles-mêmes. In : Watlzawcik P. (dir.), (1998a), *L'invention de la réalité*, Paris, Seuil.
Weber M. (1996), *Sociologie des religions*. Paris, Gallimard.
Weiss H.B., Jacobs F.K. (1988), *Evaluating Family Programs*, NY, Aldine de Gruyter.
Werner et Smith R.S. (2001). *Vulnerable but invincible : a longitudinal study of Resilient Children and Youth*. New York, Adams, Bannister and Cox cités par Bandura A. (2003), *Auto-efficacité. Le sentiment d'efficacité personnelle*, Paris, De Boeck.
Wittgenstein L. (1986), *Tractatus logico-philosoophicus*, Paris, Gallimard.
Zachraoui A. (septembre 1998). Les relations entre familles d'origine étrangères et institution scolaire : attentes et malentendus. Les familles et l'école : une relation difficile. *Ville-Ecole-Intégration*, n°114, 53-73.

Table des matières

Préface
Michel Corbillon.. **7**

Introduction.. **13**

1 – La Logique du service et la dimension symbolique des mesures éducatives... **19**
La logique du service en travail social 20
Le cadre institutionnel et le sens porté à l'égard de la mesure éducative.. 23
Les travailleurs sociaux - les mages de la relation........... 27
Conclusion.. 13

2 – Les demandes d'aide éducative........................... **35**
Les difficultés perçues par les parents........................... 38
Les troubles du comportement des enfants 39
Les ruptures familiales, l'isolement social et l'autorité parentale en mouvement.. 39
Le bien-être psychologique 41
La précarité économique... 43
La scolarité des enfants et la communication au sein de la famille.. 46
Conclusion.. 50

3 – Les changements perçus à la suite des mesures éducatives **53**
La parole libérée... 57
Le fonctionnement familial 59
Le changement du regard 60
Les pratiques parentales 62
Les parents face à l'école 64
La résistance aux changements 67
Conclusion.. 72

4 – L'aide et le contrôle social : une articulation paradoxale 75

5 – Les places attribuées à l'usager et au travailleur social dans la relation d'aide 85
Le point de vue des professionnels............................. 85
Le point de vue des parents.. 92
Conclusion.. 97

6 – À la recherche de l'efficacité des interventions socio-éducatives 101
L'évaluation comme processus intersubjectif............. 101
L'efficacité et l'efficience constituent-elles les mêmes objets ?... 105
Les compétences en représentation et les compétences en acte 109
Conclusion.. 123

Présentation des parents interviewés........................... 127

Références bibliographiques 151

L'HARMATTAN, ITALIA
Via Degli Artisti 15 ; 10124 Torino

L'HARMATTAN HONGRIE
Könyvesbolt ; Kossuth L. u. 14-16
1053 Budapest

L'HARMATTAN BURKINA FASO
Rue 15.167 Route du Pô Patte d'oie
12 BP 226
Ouagadougou 12
(00226) 50 37 54 36

ESPACE L'HARMATTAN KINSHASA
Faculté des Sciences Sociales,
Politiques et Administratives
BP243, KIN XI ; Université de Kinshasa

L'HARMATTAN GUINÉE
Almamya Rue KA 028
En face du restaurant le cèdre
OKB agency BP 3470 Conakry
(00224) 60 20 85 08
harmattanguinee@yahoo.fr

L'HARMATTAN CÔTE D'IVOIRE
M. Etien N'dah Ahmon
Résidence Karl / cité des arts
Abidjan-Cocody 03 BP 1588 Abidjan 03
(00225) 05 77 87 31

L'HARMATTAN MAURITANIE
Espace El Kettab du livre francophone
N° 472 avenue Palais des Congrès
BP 316 Nouakchott
(00222) 63 25 980

L'HARMATTAN CAMEROUN
Immeuble Olympia face à la Camair
BP 11486 Yaoundé
(237) 458.67.00/976.61.66
harmattancam@yahoo.fr

587366 - Novembre 2014
Achevé d'imprimer par